每天懂一点

行为心理学

张伊宁◎著

责任编辑：程　扬
责任印制：李未圻
封面设计：颜　森

图书在版编目（CIP）数据

每天懂一点行为心理学 / 张伊宁著. --北京：华龄出版社，2017.9

ISBN 978-7-5169-1062-7

Ⅰ.①每… Ⅱ.①张… Ⅲ.①心理学－通俗读物 Ⅳ.①B84-49

中国版本图书馆CIP数据核字（2017）第223802号

书　　名：每天懂一点行为心理学
作　　者：张伊宁　著

出 版 人：胡福君
出版发行：华龄出版社
地　　址：北京市东城区安定门外大街甲57号　邮编：100011
电　　话：58122254　传真：58122264
网　　址：http://www.hualingpress.com

印　　刷：三河市东兴印刷有限公司
版　　次：2018年4月第1版　2019年5月第2次印刷
开　　本：710 × 1040　1/16　印　张：14
字　　数：140千字
定　　价：32.00元

前言

行为，是心理的一面镜子。

我们日常生活中的一举一动，都是我们的意识和潜意识作用的反映，有意或无意地传达给别人某种信息，这些信息可能是性格、习惯、好恶，也可能是尚未被自我觉知的情绪和小心思，甚至可能是连我们自己都不知道的内心隐秘的一面。

行为心理学诞生于20世纪初的美国，由美国心理学家华生创立，强调心理学不应当捕捉难觅踪迹的意识，而应当把行为当作主要研究对象。行为综合了适应环境变化的各种身体反应，是意识更为外在化的表现。

纵然行为心理学的理论和研究方法高深莫测，人们也从未停止过追寻它的脚步。

几千年前，老子就已经说出“知人者智，自知者明”这样发人深省的话语，了解自己和他人，对于无法脱离群体生活的人类来说，从来都是一个重大的命题，在竞争激烈的现代社会中更显得无比重要。

懂一点行为心理学，不但能够帮助我们更好地认识自己，而且可以帮助我们在与人交往的过程中更好地读懂对方，并且在竞争激烈的现代社会中为自己争取到更多机会，在恋爱婚姻等亲密关系中知情识趣，根据环境变化调适好自己的心理状态，收获日臻完善的通透人生。

本书是一本行为心理学的入门级读本，它也许不能帮你建起足够坚固严谨的知识框架，但足够通俗，足够好看。本

前言

书从生活中常见的问题和情景出发，从情绪、自我管理、工作、社交、恋爱、婚姻、环境影响以及心理病症等维度，借用心理学知识进行阐发，对于其中一些问题，给出操作性强的建议，文字通俗易懂。

日常生活中，为什么有人拿着不多的工资，但每天充实快乐？

为什么有人害怕同人交流，甚至怕到无法接听陌生电话的地步？

为什么有人直到最后一天，才开始着手工作？

为什么明明在一段看似不错的关系中，有些人会无理取闹，直到对方无法忍受的地步？

为什么会有人一看到食物就无法控制自己，但有人连一口都吃不下？

……

这些看似古怪的行为，其实在行为心理学上都有着自己的一套逻辑。行为心理学总是在试图解释我们身边看似光怪陆离的现象，懂一点行为心理学不仅让我们更了解自己和他人，也能在见到这些现象时避免大惊小怪，更加温和慈悲地看待种种不符合自己逻辑的事物。无论您是心理学的重度爱好者，还是对心理学知之甚少的初学者，相信都可以从本书中吸收到能够为己所用的有效信息，让行为心理学不再是束之高阁的干枯标本，转而成为我们生活中流动的风景。

第一章　行为如何重塑我们的生活面貌

时间调戏人类的方式：被感觉扭曲 >>> 001

不必太活在当下：白日梦有意想不到的好处 >>> 004

未完成的为什么让人念念不忘：蔡加尼克效应 >>> 006

被关注时，我们可以更加出色：霍桑效应 >>> 008

好记性不如烂笔头的科学依据 >>> 010

注意力是一种稀缺资源 >>> 013

为何我们会迷恋那些“小”幸运 >>> 015

第二章　为什么我们和想成为的自己不一样

拖延是对自我的反抗 >>> 017

共同偏差导致群体性盲视 >>> 020

感觉剥夺实验：与人交往是人的天性 >>> 023

为什么你记不住小时候的事 >>> 024

只有浅薄的人才不以貌取人 >>> 027

为什么我们总是对身边的事情视而不见：贝勃定律 >>> 030

如何做到专注不分心：衍射心理 >>> 033
这世上所有的美好，都源于专注 >>> 035

第三章 你的日常行为可能正在侵蚀你的大脑

心理卷入：情商高，就是有界限感 >>> 038
提升自信心的最好方式：和自己积极对谈 >>> 040
正面情绪如何影响我们的行为 >>> 043
为什么失去让我如此心痛：参照依赖 >>> 045
假装开心可能会让快乐成真 >>> 047
被动攻击，不如表达愤怒 >>> 049
不是没有情绪，而是不要被它牵着走 >>> 053
快乐时，我们的大脑记得又快又好 >>> 055

第四章 如何让工作变得使人感到快乐

你不需要鸡汤，需要成就感 >>> 059
求职时，不谈钱才伤感情 >>> 062
自我推销，你的优秀才能被看见：“老鹰效应” >>> 065
我们选择的不是工作，而是生活 >>> 067
时间商：在不确定中保持笃定的能力 >>> 071
没有一种工作比无所事事更累 >>> 073
关于工作，你得到的可能比想象的更多 >>> 076
能人都是被工作打磨出来的成品 >>> 079

第五章 有效社交：你是一切的答案

人更愿意与欣赏的人结交：吸引的回报理论 >>> 083

为什么我们容易相信八卦：戈培尔效应 >>> 085

共情是快速拉近心理距离的社交利器 >>> 087

为何你害怕成为人群的焦点：社交恐惧症 >>> 089

互动越多越亲密：邻里效应 >>> 091

若想受欢迎，请背后说人好话：波什定律 >>> 095

每个人，都可能是某个人的熟人：熟人链效应 >>> 097

怎样成为人群中的发光体：NASCR法则 >>> 100

第六章 影响消费行为的心理学策略

免费的东西让你花的更多 >>> 103

所谓品位，就是价格与成本之间的距离 >>> 106

拥有了更好的东西，我才会变得更好吗 >>> 108

人情债，比高利贷更可怕 >>> 111

淘宝网铁粉的养成：路径依赖 >>> 113

打折就买：商家是如何让你掏腰包的 >>> 116

为什么你总是迷恋冲动消费 >>> 118

第七章 穷人和富人的差距是怎样一点点拉开的

当小钱变成大钱，我们都会成为吝啬鬼 >>> 121

及时止损，让投资回报最大化 >>> 123
让你获得财富自由的理财计划 >>> 126
投资的本质：不同风险的组合 >>> 129
为什么相信自己有钱的人更容易赚到钱 >>> 134
为什么投入多未必有回报：二八定律的运用 >>> 136

第八章 最好的爱情，是两个人一起变得更好

“一见钟情”其实挺靠谱 >>> 140
为什么恋爱不能相信感觉 >>> 142
为什么明知道完美恋人不存在，我们仍在寻找 >>> 145
爱你的人，会在汹涌人群中握紧你的手 >>> 148
为什么我们会爱上和父母相像的人 >>> 149
心跳的感觉，可以人为制造出来 >>> 152
为什么爱情中总是男人找妈，女人找爸 >>> 154
在对方最脆弱的时候挺身而出 >>> 157
失恋不是忘掉他人，而是记起自己 >>> 159
为什么我们会因为小事分手 >>> 162

第九章 两个好人，却未必有好的婚姻

最牢固的感情，大都势均力敌 >>> 165
有一种爱，叫作长成了彼此的模样 >>> 167
太安分的女人，其实是苦了自己 >>> 169

婚姻的死局：誓言太重，诺言太轻 >>> 172
婆媳关系不好，你只是没有付出到点子上 >>> 175
女人的直觉为什么那么准 >>> 177
为什么说免费的性是最贵的 >>> 179

第十章 内心越不稳定的人，越期待环境稳定

眼泪有毒，请迅速逃离现场 >>> 182
群体妄想，让我们盲目跟风 >>> 184
为什么我们无法在电梯里感到自在 >>> 187
过分拥挤的环境不伤人，但能伤心 >>> 189
身处人群，让我感到自己不再是个异类 >>> 192
为什么我们无法理性评判所处的环境 >>> 193

第十一章 其实你心里住着一个心理变态

你这么怕胖，是不是有病 >>> 196
孤独越美越杀人 >>> 199
只偷内衣的贼：恋物癖 >>> 202
人格解体是一种什么样的体验 >>> 204
我们所有的不幸，皆因无法自处 >>> 206
内在的分裂：我看不到的另一个自己 >>> 208
我承认，我所有的面具都是真的 >>> 212

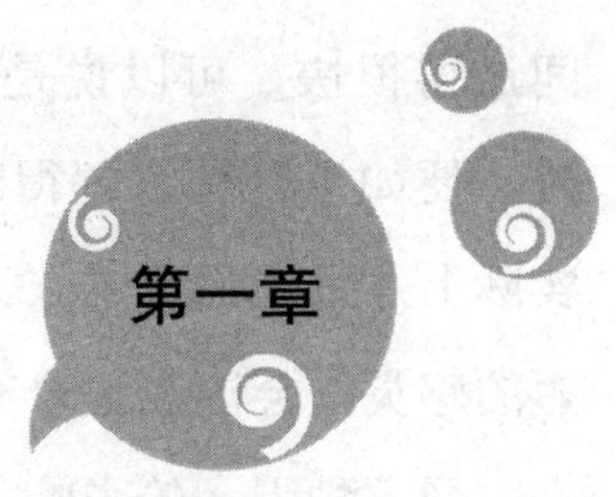

行为如何重塑我们的生活面貌

时间调戏人类的方式：被感觉扭曲

每天的时光都是造物主赐予我们的珍贵礼物，它新奇、亮丽，充满着各种美妙的机遇。岁月易逝，不要为了无用的念头就虚度年华，浪费精力；不要眼盯着时钟，企盼光阴飞逝；不要虚掷它，不要浪费它，因为我们未来的财富就在今天珍贵的时间里。

灵子是典型的水瓶座女生，对什么都很好奇，喜欢问一些奇怪的问题。有一天，她问她爸爸："老爸，为什么上课的时候，时间会那么长呢？"爸爸回答："哪有很长，不才45分钟吗？平时看个动画片，1个小时你还嫌短呢！"灵子笑着窜到爸爸身边，"对啊！这我才觉得奇怪啊，同样1个小时，为什么上课的时候这么难熬，看动画片的时候却又觉得不过瘾呢？老爸，你说这是为什么啊？"爸爸听后，挠了挠头，自己也不清楚这到底是为什么，只好尴尬地笑了笑。

不知道大家是否留意过，当做自己喜欢的事情时，就觉得时

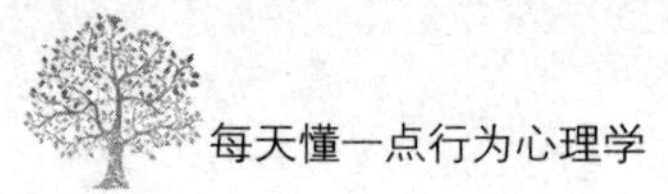

间过得很快，可以说是时光飞逝；当做一件自己不喜欢的事情时，便如坐针毡，觉得时间过得很慢，如感觉过了1小时，可是实际上才过了10分钟。为什么会有这样的感觉呢？我们对时间长短的感觉，会因在这个时间内做不同的事而不同。

受各种因素的影响，人们对时间的估计有时会不符合实际情况——有时估计得过长，有时又过短。这种对时间的不正确的知觉就是时间错觉。而这种对时间的错觉，容易使人想起爱因斯坦的相对论。关于相对论，爱因斯坦有一个精妙的比喻，“当我们和一个美丽的姑娘坐上2小时，我们会觉得好像只坐了1分钟；但是在炎炎夏日，如果让我们坐在炽热的火炉旁，哪怕只坐上1分钟，我们都会感觉好像是坐了2小时。这就是相对论。”

所以，一般来说，当活动内容丰富、引起我们的兴趣时，我们对时间的估计容易偏短；当活动内容单调、令人厌倦时，我们对时间的估计则容易偏长。当情绪愉快时，对时间的估计容易偏短；当情绪不佳时，对时间的估计容易偏长。当期待愉快的事情时，往往觉得时间过得慢，时间估计偏长；当害怕不愉快的事情来临时，又觉得时间过得太快，时间估计偏短。

就像上面所说的，和美丽的姑娘聊天，当然是甜蜜的体验，人人都希望它能长时间持续下去；相反，炎炎夏日，在炽热的火炉边烤着，分分秒秒都是煎熬，好像受刑，自然希望它赶快结束。也许正是因为自己的主观愿望和实际情况的比较，使我们产生了这两种截然相反的时间感觉。我们平时所说的“欢乐嫌时短”“寂寞恨更长”“光阴似箭”“度日如年”，也是这种情况的表现。

那么，哪些事情的价值比较低呢？别人希望我们做的事；老是以同样方式完成的事；我们不擅长的事；做时无乐趣可言的事；总是被打断的事；别人也不感兴趣的事；如我们所料已经花了两倍时间做的事；合作者不可信赖或没有品质保障的事；可预期进行过程的事；接无聊、无内容的电话。

我们的时间最好花在高价值的活动上（无论是为了成就或让自己开心）。同时，我们也要学着把所有的时间都看作是有用的。尽量从每一分钟里得到满足，这种满足是多方面的，它不仅包括取得一定的成就，也包括从消遣中得到的快乐，等等。下列是一些提高时间效率的方法，我们可以此为参照。

（1）按照事先排列的次序制成一张计划表，把重要的工作放在最前面，并尽快去完成。制订计划时要有弹性，最好在计划中留出空余时间，以便应付紧急情况。

（2）每月要抽出3个小时或每周拿出1个小时的时间来处理身边的琐事。如果等到这些琐事积压过多再去处理，必然会花费更多的时间。尽量不在周末想工作问题，真正使自己放松下来，以便恢复体力和精力。即使在工作时，也应当适当放松一下。

（3）碰到专业性很强的问题时，一定要请专家帮忙。因为我们在两三天中弄不清楚的问题，专家在一两个小时内甚至几分钟内就能帮助你弄清楚。

（4）即使做错了也不后悔。经常悔恨以前所做过的事情，会浪费许多时间，所以从时间这个角度来看，任何懊悔都是不必要的。

（5）要学会浏览报纸，不能事无巨细全部看完，这样会浪费时间。要掌握快速读书的方法，获得书中最主要的观点和内容即可。尽量让家与公司之间的距离短一些。这样，上班时就能够在很短的时间内到达办公室，下班时也能在很短的时间回到家，把花费在上下班路上的时间降到最低限度。

（6）充足的时间应用在最重要的事情上面。这是节约时间的诀窍，如果常常在不重要的事情上纠缠，就难以达到节约时间的目的。

（7）每天要早起，这样坚持下去就可以节约许多时间。午餐要适量，因为午餐吃得太多、太饱，到下午容易就容易打瞌睡，工作效率会降低。而工作效率的降低，本身就是浪费时间。

无论我们是“度日如年”还是“度年如日”，时间的马蹄都是一刻不停地向前的。这是一种规律，我们无法改变这种客观情况。但是，从主观上来说，我们可以珍惜和享受每一刻时光，无论它给予我们的是短暂抑或永恒的魅力。

不必太活在当下：白日梦有意想不到的好处

在现实生活中，有些人会想些异想天开的美事儿，还忍不住在心里偷着乐，我们把这种没有依据的、一厢情愿的行为叫作“白日梦”。

事实上，即使没有睡着，只要想想美事，就总会让人神魂颠倒。比如，你坐在办公桌前，却想象着买彩票中了一大笔钱，于是，你炒了老板的鱿鱼，离开这个让你压抑又讨厌的地方，你可以用这笔钱买到自己想要的一切，过上自己想要的生活；或者，你在一夜之间成了名人，正陶醉于众人的前呼后拥；或者，你正和前男友共进晚餐，许多年前，他抛弃了你，现在却失魂落魄，祈求你与他复合。

……

白日梦的场景很多，做梦人想到哪儿就是哪儿，而且也乐此不疲，时而清醒，时而又心不在焉。

李月是一个高三的女生，眼看着高考临近，她越来越紧张。为了缓解她的紧张心理，这天下午，妈妈带她去逛街，顺便给她买件衣服。李月看上了一件衣服，妈妈让她试穿，店员就与妈妈闲聊。李月穿上那件衣服从试衣间走出来时，看到镜子中的自己像完全变成了另外一个人，妈妈也微笑着说好看。店员趁机说："这件衣服是我们店内的限量版，你穿出了与众不同的美丽。如果你穿着这件衣服参加高考，一定会考上理想的大学。"

既然好看，妈妈就为女儿买下了这件衣服。一回到家里，李月就迫不及待地打开包装穿上新衣服，对着镜子照来照去。她想起了店员的话，开始想象：自己穿上这件漂亮的衣服，考出了好成绩，被一所著名大学录取。在新生开学的晚会上，自己穿着这件衣服出席，遇到了一个形象高大、长相英俊的白马王子，开始一段甜蜜的恋爱……就这样，整个晚上李月一直在想着这件事，妈妈叫她吃晚饭，她都一动不动。妈妈问她想什么？李月又兴奋地把自己的想法一一告诉了妈妈。妈妈听后却说："早知道不给你买衣服了，你简直是异想天开，根本不可能，你还是赶紧吃饭，饭后抓紧时间多看看书。"

很多人都和李月的妈妈一样，认为做白日梦是痴心妄想，是浪费时间。心理学家研究发现，人们的精神活动有一半时间会花在白日梦上，白日梦会帮助我们实现自己的目标，燃起内心深处的希望和消除恐惧。白日梦是一扇通向创造力的大门，它能帮助我们解决难题，甚至帮助我们挖掘潜能。白日梦让李月如此兴奋，确实缓解了原本紧张的心情，也许使她更加有信心面对高考，发挥出超常的水平。当然，白日梦既可以让人赏心悦目，也可以令人沮丧、愧疚、抑郁或者恐惧。这两种白日梦我们都会经历，但取决于我们的情绪和环境。据统计，只有3%的白日梦会集中在引人焦虑不安的念头上，比如遭遇一场恐怖袭击，或是丢掉工作。但是，更多的时候，人们的白日梦往往想的都是好事。

白日梦其实是对自我心理的一种宣泄和解脱，是一种自我的体验和满足，它可以帮我们舒缓紧张的情绪，让自己的思想放松下来，是我们自身的一种心理防御机制。有时候，白日梦本身就会产生治疗的效果。做梦者可以通过想象改变自己的心情，让自己开心。重温那些能给我们带来安全感和愉悦感的白日梦，可以帮助我们应付现实生活中难以克服的局面。但是，如果过度沉迷于消极的白日梦中，对解决情绪问题反而不利。

因此，我们要正确对待“白日梦”，肯定它积极的一面，又要避免陷入其消极的影响之中。只有这样，才能让“白日梦”成为一种有益的自我交流方式，化解不良情绪，促进心理健康，而且在一定程度上激发上进心和生活动力，帮助我们解决难题。

未完成的为什么让人念念不忘：蔡加尼克效应

很多电视剧的忠实“粉丝”对节目中插播的广告甚为反感，

但又不得不硬着头皮看完。因为广告插进来时剧情正发展到紧要处，实在不舍得换台，生怕错过了关键部分，于是只能忍着，一条、两条……看完第N条后也只能无奈地长叹一口气：“还没完呀？”

不得不承认，这广告的插播时间选得着实精妙。其实说穿了，也就是广告商摸透了观众的心理，才能让我们欲罢不能。很多事情就是这样，不完成似乎就心有不甘。我们大可以回忆一下，记忆中最深刻的感情，是不是没有结局的那一桩？印象中最漂亮的衣服，是不是没有买下的那一件？最近心头飘着的，是不是那些等我们完成的任务？

那么，究竟是一种怎样的心理，让我们被牵着鼻子走呢？

其实，这都是一种被称为“蔡加尼克效应”的心理现象在起作用。

1927年，心理学家蔡加尼克做了一系列有关记忆的实验：他给参加实验的每个人布置了15～22个难易程度不同的任务，比如写一首自己喜欢的诗词，将一些不同颜色和形状的珠子按一定模式用线串起来，完成拼板，演算数学题，等等。完成这些任务所需的时间是大致相等的。其中一半的任务能顺利地完成，而另一半任务在进行的中途会被打断，要求被试停下来去做其他的事情。在实验结束的时候，要求他们每个人回忆所做过的事情。结果十分有趣，在被回忆起来的任务中，有68%是被中止而未完成的任务，而已完成的任务只占32%。这种对未完成工作的记忆优于对已完成工作的记忆的现象，被称为“蔡加尼克效应”。

由此可知，我们在做一件事情的时候，会在心里产生一个张力系统，这个系统往往使我们处于紧张的心理状态之中。当工作没有完成就被中断的时候，这种紧张状态仍然会维持一段时间，使得这个未完成的任务一直压在心头。而一旦这个任务完成了，那么这种紧张的状态就会得以松弛，原来做了的事情就容易被忘记。

蔡加尼克效应说明，当心理任务被迫中断时，人们就会对未完成的任务念念不忘，从而产生较高的渴求度。这就是人们常说的：越是得不到的东西，越觉得宝贵；而轻易就能得到的，就会弃之如敝屣。这也为父母们提供了一条合理的建议：不能让孩子的愿望过早地得到满足，因为他得到了可能就不会再珍惜了。所以，在进行教育的过程中，不能一股脑儿地将知识灌输给孩子，而应该分阶段地给孩子讲解，让他们有意犹未尽的感觉。家长在教育孩子的过程中，无论是教授知识还是讲述做人的道理，在讲到关键处不妨稍做停顿或者让孩子谈一下看法，这样孩子就可能会对知识或道理产生浓厚的兴趣，从而对这个关键点产生深刻的记忆。事实上，突出关键点的方法很多，可以重复强化，可以详细阐述等，而最有效的方法就是戛然而止不再讲解，这也许会使孩子的求知欲受到阻碍，但反而会让孩子产生迫不及待的求知心理，此时他的求知欲已经被激发，这时候的教育效果就会比较理想了。

被关注时，我们可以更加出色：霍桑效应

生活中，我们常常会遇到这样的情况：当某个成绩并不好的孩子，因为做了某件好事而受到了老师的当众表扬之后，这个

孩子将会找机会做更多的好事，甚至连一向不怎样的成绩也会得到提高。工作中，也有员工在某次会议上，领导对他所做的工作给予肯定和表扬之后，他将更加努力工作。那么这到底是为什么呢？要想真正弄明白这个现象，我们就要从经济学上的“霍桑效应”说起。它是指人们由于受到额外的关注而使其绩效提高的情况。“霍桑效应”告诉我们，如果我们想要改变某一个人的行为，就要使其感受到他是受关注的，以对其产生一种强大的激励作用，从而在行动上表现得更加积极。

1924年11月，美国国家研究委员会组织了以哈佛大学心理专家梅奥为首的研究小组进驻西屋电气公司的霍桑工厂，他们原想通过改善工作条件与环境等外在因素，找到提高劳动生产率的途径。他们选出继电器车间的6名女工作为观察对象。在7个阶段的实验中，他们不断改变照明、工资、休息时间、午餐、环境等因素，希望找到这些因素和生产率的关系。然而，不管外在因素怎么改变，员工的工作积极性都没有受到影响，实验组的生产效率一直在上升。这样的结果令人很困惑。经过长期的实验和研究，专家们发现，真正促使被试改变行为、积极努力工作的原因是她们觉得自己受到了特别的关注。在实验中，当那6个女工被抽出来成为一组的时候，她们意识到自己是特殊的群体，是实验的对象，是这些专家一直关心的对象。正是这种受关注的感觉使得她们加倍努力地工作，以证明自己是优秀的，是值得关注的。至此，专家意识到，人的行为不仅仅受到外在因素的刺激，更会受到自身主观上的激励。此后，人们把这种现象称为“霍桑效应”。

人们往往无法全面、客观地认识自己，尤其是失意彷徨的时候，很容易灰心失望、跌至心理的低潮。这时，旁观者额外的关注，尤其是来自长者、权威、专家的劝慰和激励，是一种对心灵的抚慰，对其工作绩效、心理健康等能产生巨大的影响。所以，如果你想改变一个人，就应给予充分、积极的关注，让他感觉到自己的行为是被人期待的。很多时候，一个微笑，一个眼神，拍拍肩膀，可能远比物质上的支持与奖励更能够令人鼓舞。在必要的时候，甚至可以用善意的谎言来强化这一效果。例如，告诉对方："领导曾私下里表示很欣赏你，认为你很有前途……""领导之所以把这么艰巨的任务交给你，就是觉得你有这个能力，相信你一定可以做好"。这样的话语可能会激发对方的积极性，使其奋发向上。当然，要说得恰到好处，夸大容易使其骄傲自满，反而产生消极的影响。

另外，我们也可以进行积极的自我暗示，你认为自己是什么样的人，你就能成为什么样的人。对自己多进行积极的自我暗示，你就可能变颓废为振作，从而在工作中做出成绩，让领导对你刮目相看。

好记性不如烂笔头的科学依据

美国心理学家巴纳特曾经以大学生为被试对象做了一个实验，研究了做笔记与不做笔记对听课学习的影响。他给大学生们提供的材料为1800个词的介绍美国公路发展史的文章，实验者以每分钟120个词的中等速度读给大学生听。而大学生被分成了三组，每组以不同的方式进行学习。甲组为做摘要组，他们被要求一边听课，一边摘出要点；乙组为看摘要组，他们在听课时，可以看到已列好的要点，但自己不用动手写；丙组为无摘要组，他们只是单纯听讲，不用动手写，研究者也不提供有关要点。课程完结之后，研究者对所有学生进行了回忆测验，检查其对文章的记忆效果。

实验结果表明：自己动手写摘要组的学习成绩最好；在听课时看摘要，但自己不记录摘要的小组，学习成绩次之；单纯听讲、不做笔记、没有摘要的小组，成绩最差。同样的课程，同样的老师，同样的学生，为什么会出现这样的差异呢？

我们很容易遗忘一些信息，特别是那些容易忽略的细节问题。但是，如果这些细节正是我们需要注意的呢？所以，人们常说“好记性不如烂笔头”。

那么，为什么我们宁愿相信自己的双手，而不是自己的大脑呢？

首先，做笔记有助于提高记忆力。用笔记下的内容，它与看到的内容有本质的差异。前者既有思维参与，又有活动因素，而后者主要是思维参与，其参与程度一般也不如前者。因此，记忆效果不如前者。现代心理学大量实验表明，活动是有助于提高记忆效果的。

其次，做笔记有助于多种分析器协同作用。分析器是分析和判别外界信号刺激的各种个别要素的系统总称。其中包括了人的听觉、视觉、嗅觉、味觉、触觉。所以，我们在使用笔记记录时，它用到了看、记相应的分析器活动。每一种分析器进入大脑记忆的通道并不一样，但相互都是联系的。同一内容从不同通道进入，从而使记忆更加牢固。现代心理学研究表明，单凭听觉，会话通信每分钟仅能传达100个单语，而视觉传达的速度则达到听觉的1倍；视觉、听觉同时起作用，传达的速度则是听觉的10倍。可见，分析器参与越多，彼此联系越紧密，其记忆效果就越好。这就是用笔记下来的内容容易记住的原因之一。

做笔记既然有那么多的好处，我们要怎样才能记好笔记呢？

1. 提高书写速度

当我们在记录即时性的内容时，就需要一定的书写速度，速度太慢，势必会跟不上记录进度，影响笔记质量。所以，我们要学会使用一些提高笔记速度的方法：不必将每个字写得横平竖直、工工整整，可以潦草地快速书写；可以简化某些字和词，建立一套适合自己的书写符号，比如用“∵”代表“因为”，用“∴”代表“所以”。但要注意不要过于潦草、过于简化，否则连自己也看不懂所记的内容是什么。

2. 使用多种笔记方式

我们常用的记录方式有要点笔记、提纲笔记及图表笔记等。要点笔记，不是将所有信息都记录下来，而是抓取要点，如重要的概念、论点、论据、结论、公式，对所记录的内容要学会用关键词加以概括。提纲笔记这种记录方式，是把信息分出不同的层次，在每一层次中记下要点和有关细节，这样就显得条理清晰，使人一目了然。图表笔记则是利用一些简单的图形和箭头连线，把主要信息内容绘成关系图，或者列表加以说明。图表比单纯的文字更具有形象性和概括性。

3. 做好记笔记的准备工作

笔记本是必不可少的。最好给不同的处理事项准备一本单独的笔记本，不要在一个本里同时记几项内容，比如，上一页还是工作记录，下一页就写满了理财计划，这样就会显得很混乱。

4.适当安排知识补充区域

每页笔记的右侧划一竖线，留出1/3或1/4的空白，用于事后的拾遗补阙，或自己心得体会的补充。

※……注意力是一种稀缺资源

注意力也是一种资源，每个人的注意力都是有限的，在某一个地方分配多了，就可能导致另一方面的缺失。这也是很多交通事故产生的原因。尽管在驾车的同时接打电话有时是一件无法拒绝的事情，但越来越多的证据表明，这绝对是危险的事情。在开车的同时使用电话影响了司机对周围情况信息的掌握，无论是对交通信号灯还是对其他意外情况的反应都会变慢。试想，如果出现完全出乎意料的事情，如小孩突然出现在马路上，由于你在使用电话而刹车慢了一点点，那将是一种什么后果。广泛的研究已经表明，在开车的时候使用电话是很危险的事情，它造成事故的影响绝不亚于醉酒驾车。

为什么驾车接打电话会这么危险？

我们每天花很多注意力去观察周围事物。而注意力和认知资源是有限的。一旦某种复杂活动超过认知容量的最大限度，人们就无法完成原有任务。行动的结果本质上取决于认知资源消耗的多少——耗费得越多，任务完成的质量就越差。所以，如果认知资源不足时，我们很可能就会对周围情况“视而不见”。

20世纪七八十年代，海恩斯与他的同事伊迪丝·费希尔、托尼·普赖斯，使用飞行模拟装置在飞行员信息显示技术领域开展了一项先锋研究，为“视而不见”提供了另一项重要证据。海恩斯和他的同事把研究对象定为商业航线中驾驶波音727的飞行员，并且都是航行超过1000小时的大副或机长，绝对称得上是“飞行专家”。在实验中，所有飞行员首先必须通过训练课程，学习利用飞行模拟装置在不同的天气情况下着陆。在飞行员熟练操控这种飞行模拟装置后，海恩斯会在着陆程序中安排一些意外情况，如在着陆的跑道上放置大型飞机来干扰飞行员的正常着陆。但是实验的结果显示，这些经验丰富的飞行员经常看不见跑道上海恩斯设置的障碍物。

海恩斯设计的飞行模拟装置及头盔式显示器并没有人为地加入影响飞行员判断跑道情况的干扰因素。飞行模拟装置极大地简化了真实的操作程序，使得飞行员在模拟装置上获得相关信息的速度要比真实情况更快，做出各种判断所需的时间也更短。但是，在这种比实际驾驶更为简单的操作任务中，优秀的飞行精英们也经常“看不见”那些预料之外的事物。这也就是为什么经验丰富的飞行员驾驶飞机仍然事故频发。

飞机在着陆过程中与跑道上的其他物体相撞是非常常见的飞机事故，海恩斯称之为“跑道侵袭”（Runway Incursions）。根据调查，有一半以上的“跑道侵袭”属于飞行员的过失。这种跑道侵袭事故之前是没有任何征兆的，当突然闯入跑道时，便需要侵占飞行员的一部分认知资源，这时候飞行员要么来不及注意，要么分散了驾驶的注意力而导致着陆事故。

由此看来，也就不难理解驾车接打电话的危险性了。我们把部分注意力和认知资源放在电话聊天上，自然就更容易对周围的事物“视而不见”，一旦有人或物突然进入我们的驾驶路面，等我们看见的时候，很可能便来不及应对了。

不过，有趣的是，与开车时打电话聊天相比，仅仅与同车的人说话对安全的影响要小得多。原因在于：首先，与同车的人聊天可以更容易听见对方说话的声音，也更容易理解说话的内容，这要比打电话轻松得多；其次，车里的同行者本身也提供了一双可以观察周围其他情况的眼睛，其安全系数要远远高于电话另一边的那个人；最后，也是最有意思的原因，即很多学者所说的"社交需求"。

开车一直不能讲话的要求也许太严苛了，对此可以选择和车上的人聊天代替电话聊天，毕竟安全问题才是首要的。能兼顾安全又能满足社交需求，那就再好不过了。

为何我们会迷恋那些"小"幸运

运气的另一个名字叫"小概率事件"。即使明白是小概率，大多数人还是存在侥幸心理，祈求好运会降临在自己身上。

很多人都买过彩票，虽然赢钱可能微乎其微，你的钱99.99%的可能支持福利事业和体育事业了，但还是有人心存侥幸搏小概率事件。同时，很多人都买过保险，虽然倒霉的概率非常小，但还是想规避这个风险。人们的这种倾向，是保险公司经营下去的心理学基础。

买彩票是赌自己会走运，买保险是赌自己会倒霉。这是两种

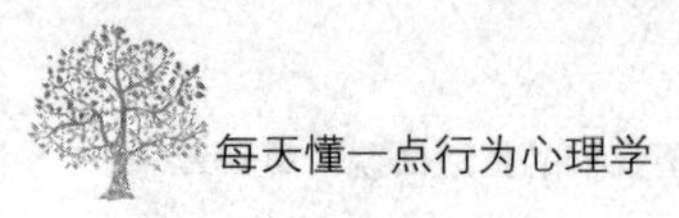

很少发生的事件，但人们十分热衷。前景理论将这种奇特现象归结为小概率事件。何谓小概率事件？就是几乎不可能发生的事件。比如天上掉馅饼，这就是个小概率事件。掉的是馅饼固然好，但如果掉下来的不是馅饼而是陷阱呢？当然也属于小概率事件。

对小概率事件，很多人都存在赌一把的心理。孔子很反感这种事，他说："小人行险以侥幸。"庄子认为孔子是个"灯下黑"，他借盗跖之口评价孔子："妄作孝弟，而侥幸于封侯富贵者也。"对小概率事件的迷恋，连圣人也不能免俗。

不过，有趣的是，在小概率事件面前人类对风险的态度是矛盾的，一个人可以是风险喜好者，同时又是风险厌恶者。面对小概率的收益，多数人喜欢冒险。面对小概率的损失，多数人厌恶风险。

为什么会出现这种微妙的心理差别呢？

前景理论认为，在收益和风险面前，人是"偏心"的。前景理论的"确定效应"指出，涉及收益时，我们是风险的厌恶者。而"反射效应"表明，当涉及损失时，为了挽回损失，我们是风险的喜好者。在涉及小概率事件的时候，风险的偏好会发生离奇的变化。人们在认为合适的时候非常乐意赌一把，而不再是风险的厌恶者。说到底，人们厌恶的是损失，并不是风险。

为什么我们和想成为的自己不一样

※…… 拖延是对自我的反抗

拖延的人无论是在工作中还是生活中，做事都表现出拖拉、不负责的态度。因此，我们习惯上认为这些人是在偷懒。其实拖延并不只是懒惰这么简单。

既然不是懒惰，为什么“那么多事情堆在眼前却迟迟不去行动？你看，摊开的文件、散乱的衣橱，或者只是一个该打的电话、一封该发出去的邮件，可还是会说‘再等一会儿，就一下下’……”那么拖延背后的心理原因是什么呢？如何解决拖延呢？

生活中，有很多人因为拖延而付出了惨痛的代价。比如，有人错过了出国深造的机会，有人错过了高薪的工作机会，有人因为玩网络游戏错过了对某个重要人物的采访，甚至有人因此失掉学业、影响大好前途。多么可怕的拖延后果：失去重要的机会，各种负面情绪的困扰，如失去机会的负罪感、效率低下的无能感、荒废时光的空虚感等。这么大的代价都不能让一个人放弃拖延，到底原因是什么呢？

1. 拖延是对抗焦虑的办法

一般来说，一定程度的拖延行为是正常的，但长期的拖延则很可能是心理或生理失调的表现。心理学家认为，拖延行为是人们对抗焦虑的一种办法，而焦虑大多来自要做出一个决定或开始一项任务。个人的拖延行为往往源于压力、犯罪感，以及个人效率降低，这些感觉综合起来往往又加剧了拖延行为。

2. 拖延是一种病症

美国德宝大学心理学家约瑟夫·R·法拉利认为，拖拉是一种病症，但能根治。他认为喜欢把该做的事尽量往后拖的人为慢性拖拉症患者。他把慢性拖拉症分成“激进型”和“逃避型”，前者认为自己能在压力下工作，喜欢把事情拖到最后一刻完成以寻求刺激；后者通常缺乏自信，害怕做不好而迟迟不肯动手，或害怕成功后受到别人的关注。

3. 拖延有意对抗自我控制

从行为心理学的角度出发，美国南康涅狄格州立大学的心理系教授詹姆斯·马则认为，拖延是“与自我控制对立的冲动”的特殊形式。据调查，大部分拖延者认为拖延并不曾真正带来危害，因为可以赶在最后一刻完成任务，由此还满足了虚荣心——只用很短的时间却能取得不错、甚至比别人好的结果。无形中，“自己最适合短期高压的工作状态”的心理得到强化，并对今后的工作产生暗示。如此周而复始，反复循环。

4. 完美主义者往往拖延

完美主义也是拖延的重要原因。美国芝加哥德保尔大学心理系副教授费拉里认为，某些拖延行为并非拖延者缺乏能力或不够努力，而是某种形式的完美主义或求全观念的反映，他们共同的心声是“多给我一些时间，我可以做得更好”。

可见，拖延的原因比较复杂，改变拖延并不轻松，我们需要明白的是，解决拖延最重要的或许是不要一开始就指望根除它，而要把它作为自己的一部分从心理上接纳，这样才能应对向着“不拖延”前进过程中的挫败和反复，而不至于半途而废。针对心理起因，也可以从下面几点入手。

（1）“拖延”这一行为模式常出现在完美主义者身上，表现出过度的准备，永远只是停留在力求“完美”思考的阶段而迟迟无法开始执行。拖延的梦想家们，很怕自己实际工作的结果，不能匹配想象的成功，怕这种虚幻的“理想自我”在现实中走向破灭。于是产生强烈的焦虑，最终导致拖延行为的产生。在这种情况下，你需要思考：你面对的困难是真实存在的，还是自我设立的屏障。你最终需要打破一个完美的自我形象，你要积极暗示自己，不惧怕失败，去实施也未必会失败，而不仅仅是停留在准备和幻想阶段。

（2）多对自己的能力加以肯定和激励。可能你拖延的结果并不总是很差，偶尔因为拖延反而做得更好，你的小聪明和高效率得到了别人的赞美；有时甚至因为拖延，本来要完成的工作取消了，你心里暗自高兴。于是，拖延成了合理存在的一部分，这促使你在日后的工作中更加喜爱拖延。拖延在某种程度上只是缺乏信心的体现，如果不拖延，工作也许可以更早完成，会得到更圆满的结局。这要从处理不合理的信念开始。我们可以通过关注自己的自我对话来识别脑海中导致冲突、阻碍行动的不合理信念，留意自己在拖延之前和拖延之后脑海中的念头。

（3）弄清焦虑的原因。如果你拖延的目的是为了缓解焦虑，要想不再拖延，根本的办法就是要弄清楚你为什么焦虑，并且想办法处理。焦虑有时会来自任务本身，比如一个讨厌做饭的人却被要求准备一日三餐；有时候，焦虑来自事情背后，比如你害怕做不好一些自己不擅长的事情。无论焦虑来自哪里，只要我们弄清楚原因，然后再有针对性地通过修正自己的认知消除焦虑，就能改善自己拖延的行为。

共同偏差导致群体性盲视

生活中，绝大多数人遇到无法解释清楚但又执意坚持的事情时，总是宁愿相信自己的直觉，也不相信他人描述的事实本身。尤其是在无法辩解的情况下，脱口而出的是“我相信自己的直觉”。

心理学家认为，人们的直觉是有缺陷的，不管你是否相信。人们的直觉往往会由于一些共同的偏差造成缺陷。然而大部分人仍认为自己的感觉良好，并很难让他们相信事实真相。这是研究决策问题的心理学家所要面对的一个艰难课题。心理学家为了证明人们的直觉是不可信的，曾做过这样一个简单的判断，我们也可以花一点时间来考虑一下答案。以下哪种事件会死更多的人：

他杀还是自杀？

洪水还是肺结核？

龙卷风还是哮喘？

也许有人觉得他杀、洪水和龙卷风会更常见，但是在美国，有50%的死亡是因为自杀而非他杀，肺结核的死亡率是洪水的9倍多，哮喘导致的死亡也是龙卷风的8倍多。

那么为什么人们的判断有如此之大的差距呢？这可以用信息的可获得性偏差来解释。可获得性偏差是一种自然的倾向性，即我们会用记忆中已经获得的信息来判断事件的可能性。我们的直觉认为更容易记住的事情其可能性更大，但是我们记住的事情经常不是最精确的总结。

在俄勒冈大学的一个关于如何做决定的研究中，参与实验的人认为死于他杀的人要比自杀的多20个百分点，但事实是超过50%的死亡是因为自杀。人们认为更多的人死于洪水而不是肺结核，但结果是死于肺结核的人要比死于洪水的人多 8 倍。人们相信死于龙卷风和哮喘的大概一样多，但结果是后者比前者多7倍多。

我们可能会因为事情能引发我们更多的情绪而记住它，而不是因为它是经常发生的。我们也会因为媒体给它更多相关报道而记住它，而不是因为它更普遍。可获得性偏差会使我们误入歧途，促使我们把不寻常的事认为是普遍的，而把不可能的事想为可能的。

在美国NBA篮球联赛里，想象一下你的工作是指导NBA新秀认识艾滋病的危险。NBA球员都是年轻人——新秀们通常都不到21岁，他们可能会一夜成名，获得随着名声而来的所有关注。他们肯定听说过艾滋病，因此危险不在于对艾滋病的未知，而在于他们身处的环境会让他们在一夜之间卸下所有防备。这就需要你把艾滋病的危险说得更可信和迫切。想象一下关于可信度的可能素材。你也许可以使用一位著名的专家权威说法，也可以是一个与艾滋病战斗到最后阶段的运动员。你可以使用生动的细节——一个运动员可以重新估计他正常的安全性交警惕性是如何被一次特殊的狂欢派对破坏的。其中的任何一种都应该是很有效的，但关键是你如何把这些可信的素材植入这些运动员的脑中。NBA针对这个问题使用了一种很巧妙的方法。

在NBA新赛季开始前的几个星期，所有新手们都被要求到纽约的塔里敦集合。他们会被锁在酒店里6周：没有传呼机，没有手机。新秀们被告知在联赛中生活所有的一切：从如何与媒体打交道到如何对他们的财产进行合理的投资。尽管围绕培训的保密工作做得很好，但还是有一群女球迷在驻地附近出现。在培训的第一个晚上，就可以从酒店酒吧和餐厅里认出她们，因为她们穿着惹眼。队员们对于自己受到的关注很满意，到处都有可以调情搭讪的人，他们计划在培训的后期认识其中的几个姑娘。

第二天早晨，新秀们和往常一样出席会议。他们很惊讶地发现那些女球迷守候在房间门口，她们一个接一个地介绍自己："你好，我是希拉（Sheila），我有艾滋病。""你好，我是唐娜（Donna），我有艾滋病。"刹那间，有关艾滋病的讨论让队员们恍然大悟。他们明白人生如何开始失去控制，一个晚上的放纵如何造成一生的遗憾。

那么，我们到底应该如何使人们相信自己的创意？我们有赖于一个可信的素材，而使用的可信度材料来自哪里并不重要。我们需要明白的是，一些生动的细节描写有可能比一连串的统计数据更有说服力，一个非权威人士可能比权威人士更有效。

※……感觉剥夺实验：与人交往是人的天性

如果有这样的一个实验，你愿意参加吗？即每天给你100元钱，让你一个人待在一间屋子里。这间屋子没有窗户、钟表、手机、收音机、电视、书报、笔纸，只有一盏油灯、一张床、一把椅子、一张桌子，以及洗漱设备。传送带会按时给你送饭。在这样的一间屋子里，请问你能待多久？

先别急着说出你的答案，让我们看一下心理学家黑伯等人首创的一种“感觉剥夺实验”。实验中给被试者戴上一副半透明的护目镜，使其难以产生视觉；用空气调节器发出的单调声音限制其听觉；在手臂上戴上纸筒套袖和手套，用夹板固定住腿脚，限制其触觉。

被试者在被隔离12、24、48小时后，分别做简单算术、字谜游戏和组词等测试，结果发现，被隔离的时间越长，被试者的测试成绩就越差。有的人变得很难集中注意力，并容易激动，还有的人表现出紧张焦虑、情绪不稳、思维迟钝等症状，奇怪的是，有的人还出现了错觉和幻觉。仪器显示他们的脑电波比隔离前明显减慢。有的被试者在被隔离24小时之后，因为无法忍受而中途退出实验。

黑伯的“感觉剥夺”实验表明，与外界环境广泛地接触是维持人们正常思维活动、生活状态的基础。只有通过社会化的接触，更多地感受和外界的联系，人才能更多地拥有力量，更好地发展。

动物心理学家曾以恒河猴做过一个同样著名的“社交剥夺”

实验。心理学家将猴子喂养工作全部自动化，隔绝猴子与其他猴子或人的沟通。实验结果表明，与有正常沟通的猴子相比，缺乏沟通经验的猴子明显缺乏安全感，不能与同类进行正常的交往，甚至连本能行为也受到了严重的影响。

在人的智力发展方面，沟通也是必要的前提。人们在对因战争而独居深山数十年的特殊个案进行研究后也发现，沟通的缺乏对人们语言能力及其他认知能力都有不同程度的损害。对儿童来说，缺乏沟通机会会严重影响他们的智力发展。心理学家还发现，增加与早产儿的沟通，有助于更快地实现正常的发展。

丰富的、多变的环境刺激是人生存的必要条件，在被剥夺感觉后，会产生难以忍受的痛苦，各种心理功能会受到不同程度的损伤。人是社会性动物，其自我意识和各种智能都是社会性的产物。人只有置身于社会环境中，通过社会获得支持性信息，才能不断得以修正和发展。反之，如果剥夺其与别人交往的机会，这个人的身心就会受到极大的伤害。

为什么你记不住小时候的事

人们常常想起自己孩提时代的一些事情，但是大部分人都是从四五岁左右开始有记忆的，也有人能记起3岁时发生的事情。老人们也常说小孩3岁开始记事儿。很多父母也常常说，孩子3岁以前，什么都不记得。事实上，是不是真的这样呢？如果是，那么3岁之前的记忆又跑到哪里去了呢？

也许有人会说，这是由于婴幼儿的记忆力差造成的。其实不然，人类婴儿的记忆力都是非常强的，很多心理学家已经通过实验证实了这一点。从婴儿到幼儿，这短短的几年时间，婴幼儿就学会了一门语言，难道说他们的记忆力还不够强大吗？此外，我们生存的很多技能，都是在婴幼儿时期学会的。

卡罗琳·罗韦-科利尔领导的研究小组对婴儿的记忆进行过相关的实验。研究人员把2～3个月大的婴儿被放在一个摇篮里，在摇篮上方放置一个稍微碰到就会动的玩具，用一根皮筋将这个玩具和孩子的脚踝连起来。

在试验中，当婴儿发现自己踢腿时，玩具会动起来，他们会对这个发现很高兴。要完成这个记忆实验，还要看婴儿们在一个星期之后，还能不能想起来怎么让这个玩具动起来？这不但需要婴儿观察这个玩具，并且需要记得这个玩具会动，而且是自己踢腿让它动起来的。

研究人员把婴儿重新放回摇篮，看他们是不是一看到这个会动的玩具，就会踢腿。实验表明，2个月的婴儿，3天之后回来依然记得怎么让这个玩具动起来；而3个月的婴儿，过了1个多星期，仍然记得。

由此可见，2～3月的婴儿已经有了记忆。在接下来的实验中发现，在第一次训练结束之后的2～4个星期，当婴儿被带回实验室，让他们看玩具动起来了，这似乎“提醒了”他们，他们看了一会儿，然后一旦脚踝被绑上皮筋，他们就飞快地踢起腿来。而另一组婴儿，没有“提醒”他们，结果他们就没有踢腿的行为。

这就可以说明，小至2～3个月的小婴儿，会比较长时间地记住学到的信息。但是，他们似乎不会主动提取记忆里的信息，除非他们被很明确地提示。由此推论，早期的记忆，有很强的情景依赖性：如果一个婴儿回到实验室，没有重现第一次的情景，他们就几乎无法提取最初学到的反应。这说明，婴儿最早的记忆是非常脆弱的。

常常有人说，孩子3岁之前没什么记忆。也许0～2岁的记忆，孩子没有办法表述出来，但这并不代表这段时间记忆是缺失的。而且，目前的研究也没有明确说法，证明这段有可能无法表述的记忆对将来的发展是不产生作用的。

虽然，刚才我们提到婴儿能记住一些信息，但是为什么当我们成人了，却很难回忆起3岁以前的一些事情？

专家们又做了关于“婴儿失忆”现象的研究。他们通过提问大学生一些问题的方法来进行。比如，你有一个弟弟，你妈妈去医院生弟弟那天，你在哪里？你在哪里第一次看到你弟弟？等等。他们的结果表明，最早的有意义的记忆通常是2岁的孩子能记起弟弟妹妹的出生地点；3岁的孩子能记起搬家或者家人的去世。

研究人员又给9～10岁的孩子看他们幼儿园的朋友的照片，看他们能不能记起以前的小朋友，结果发现这些孩子非常困难。为什么2～3岁的孩子有记忆，而小学生不能想起几年前他们的同学呢？

当代的研究人员认为，因为婴儿不使用语言，而成人使用语言，而有可能婴儿时期的记忆是以非语言的形式存储的，所以当我们会使用语言之后，我们就无法提取这些非语言的信息。2～3岁的孩子，刚会使用语言，也很有可能不以大孩子或者成人的方式来再现他们的经历。

通常，直到4岁以上，孩子才用叙述的方式来存储、记忆、处理他们的经历，而且往往有成人的帮助。在成人的帮助下，孩子慢慢发现语言可以用来和人分享我的记忆。

由此推论，0～2岁之间，由于我们缺乏语言和自我概念，造成了最早期的经历对我们来说好像是空白一片。

据此，专家们普遍认为，有个别的孩子在两三岁的时候就能用语言描述出记忆中以前的事情，但孩子们所谓的记忆，大多是片段或者并不准确。当人长到4岁左右，认知机能才迅速发展起来，并开始能够审视内在的自我。这时，孩子开始能够理解记忆了，并开始使用诸如“记住”“忘记”等与记忆有关的词语。在这个时期，人的长期记忆系统才逐渐健全起来。因此，我们成年之后，再回忆自己的孩提时代时，一般只能想起三四岁之后的事情。

这就可以解释为什么人对幼儿时期的事情没有记忆，虽然婴幼儿也具有长期记忆的能力，但在那个年龄阶段，长期记忆系统基本上还不能很好地运行。

对于人来说，“记忆”非常重要，“忘记”也同样重要。如果我们无法忘记以前的痛苦经历，总是背着伤痛过日子，时间一长，将无法承受。不过，我们的记忆系统，会选择那些不好的记忆主动去忘记，人们的大脑真是奇妙。

只有浅薄的人才不以貌取人

在日常生活中，我们常常听到“那个人看上去就像坏人”

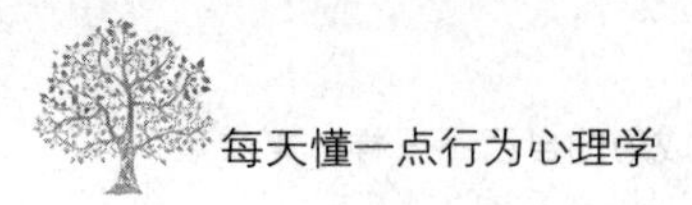

“他长得就一副小偷的样子”等等，我们都知道不能以貌取人，但事实上，相貌却常常影响我们的判断和决策。

心理学家们曾经做过这样一个实验：在英国广播公司的王牌科技类节目《明日世界》直播中，他们播放一段模拟审判的视频，然后请观众充当陪审团，来确定视频中的被告是否有罪。观众可以通过拨打两个不同的电话号码进行投票。

不过，电视观众并不知道，研究人员已经把全国分成了两个大组。为了配合这次实验，英国广播公司让发射器传输两种不同的信号，从而让两组观众看到两种不同的节目。

被告被指控破门而入偷走了一台电脑，所有电视观众看到的犯罪证据都是一样的。然而，两组观众看到的被告是不同的。其中一个被告的脸部特征与人们通常想象的罪犯非常吻合——塌塌的鼻子和深陷的眼窝。另外一个被告的脸部特征则给人以清白无辜的印象——婴儿脸和清澈的蓝眼睛。为了确保实验不受其他因素的影响，两名被告穿的衣服是完全一样的，坐在被告席上完全相同的位置，而且都面无表情。

实验结果证明，很多观众的判断都受到了被告脸部特征的影响。大约40%的人认为塌鼻子、深眼窝的被告有罪；而只有29%的观众认为娃娃脸、蓝眼睛的被告有罪。很多人忽视了犯罪证据的复杂性，单凭被告的脸部特征就草草做出了自己的决定。

陪审团要做的决定都是很严肃的，所以他们必须尽最大可能保持理性。

这项研究让我们看到，在我们尽最大可能保持理性的判断中，面貌的影响因素还是难以避免的。我们明知道不能单靠一个人的长相，便判断这个人是不是会违法犯罪，但事实上我们常常无意识地这样做。不仅普通人会受这种长相效应的影响，就连那些训练有素的律师、法官，也难说完全不被其左右。

著名的美国卡通漫画家盖瑞·拉尔森，就曾以漫画《远征》来反映这种奇怪却真实存在的现象。漫画的场景是一间法庭，被告的辩护律师正在向陪审团慷慨陈词。律师指着被告说：“那么请问陪审团，这看起来像是冷血杀手的脸吗？”坐在被告席上的是一个西装革履的人，不过这个人的脸并没有出现，读者看到的只是一个典型的漫画式笑脸：两个黑点代表的是眼睛，一个凸向下方的半圆代表的是微笑时的嘴形。就像所有优秀的喜剧一样，拉尔森的漫画让我们发出了源自内心的笑声，但随后也让我们陷入了沉思：既然面貌会影响我们对一个人的判断，那么我们是不是也可以通过修整一个人的面貌，来改变别人的看法，甚至改变这个人的行为呢？

在《影响力》一书中，心理学家罗伯特·西奥迪尼将这项研究与一个极不寻常的实验联系在了一起，实验的目的在于探讨在监狱里对病人施行整形手术的后果。20世纪60年代末，为了矫正脸部出现的损伤，纽约市监狱的一群犯人被施行了整形手术。研究人员发现，与没有接受整形手术的犯人相比，整过形的人再次犯罪入狱的可能性要小很多。罪犯接受改造的程度看起来并不能防止他们再次作案，比如教育和培训，但外貌却好像能够决定一切。实验结果引起了一些社会政策制定者的注意，他们表示，社会上的刻板印象是一些人屡次走上犯罪道路的原因所在，而改变其外貌特征是一种阻止他们再次作案的有效方式。

这种说法或许是有道理的。不过，西奥迪尼却利用詹姆士·斯图尔特获取的数据对实验结果做出了另外一种诠释。整形手术对于罪犯是否会再次作案可能并没有什么影响，只不过是外貌得到改善后意味着他们不太可能被投入监狱罢了。

无论是哪一种解释，我们都看到了面貌的改变，无论对当事人还是对旁观者的思维判断都会产生一定的影响。由此，我们也可以受到一些启发：在生活中，多关注一下自己的相貌，往人们期待的方向修饰自己的相貌，比如，为了显示阳刚、成熟、优越、自信和勇敢而留胡须，为了表现出诚实、可靠、整洁、稳重等特性而刮光胡子，等等。这些有针对性的改变，有利于我们给别人留下一个美好的印象，让别人做出有益于我们的判断。

为什么我们总是对身边的事情视而不见：贝勃定律

如今物价越来越高，而这种上涨也并不是通过一两次就涨起来的，聪明的商家总是一点一点地逐渐调高商品的价格，让人们不易觉察这种变化。比如，一瓶饮料2.5元，上涨到2.6元，人们并不觉得有太大的变化，可是如果调到3.5元，人们往往会产生明显的反应：“怎么这么贵，不买了。”商家正是利用人们对涨幅小感觉不明显的心理，一步步调高商品的价格，那么我们的感觉为什么有时麻木，有时敏感呢？心理学家认为这是“贝勃定律”在作怪。贝勃定律表明，当人经历强烈的刺激后再施予小的刺激，对他来说会变得微不足道，只有施加更大的刺激，才能使其产生强烈的感觉。这反映的是一种社会心理学效应。

如果我们仔细观察生活，不难从中发现“贝勃定律”的具体体现。比如，一份报纸一直卖1元钱，人们已经习以为常，即使一份报纸卖到1.1元钱，人们也不会有太大的感觉，但是如果原本1元钱的报纸突然变成了10元1份，人们就会感到“怎么这么贵”，真是无法接受；一台原价为5000元的笔记本电脑，如果涨了50元，人们也不会有太大的反应。这说明能否产生强烈的效果，与人们原来所接受的心理刺激大小有密切关系。如果一份报纸原来卖9元，后来涨到10元，人们也不会觉得无法接受；如果原价5000元的笔记本电脑突然涨了2000元，人们就会感到刺激很大，无法接受。所以，心理先后接受的刺激度的差距决定其会产生什么样的反应，有落差，才会产生强烈的效应。比如，在现实生活中，周围的人都与你的生活条件差不多，你就不会有别的想法，觉得很满足；但如果你身边的人一个胜一个地比你富有和成功，你就会产生强烈的落差感，觉得自己生活得很不好。相反，如果你到了贫困地区，看到很多人生活得都很艰苦，你就会产生优越感，觉得自己已经很幸福了。

正在上中学的姚瑶，因为一件小事与母亲吵架后，觉得很委屈并决定离家出走，再也不见讨厌的母亲。由于出来得匆忙，姚瑶没有带钱，她在外面逛了一天，肚子很饿，于是来到一个卖饭的小摊前，想要吃一碗面，一想到自己没钱，又不好意思。她正要离开，老板叫住她：“孩子你是不是想吃面？”

姚瑶点点头，小声地说：“可是我没钱。”

“没关系，我送你一碗面。”老板说完话就开始为姚瑶煮了一碗面。

好心的老板让姚瑶很感动，她对老板说：“我们不认识，你都对我这么好。而我妈妈，却对我那么绝情……”说着就哽咽着哭了。

老板看着姚瑶说：“你这小姑娘，我仅仅是给你煮一碗面吃，你就这么感激我，你妈妈帮你做了十几年的饭，难道你不应该更感激她吗？”姚瑶听到面摊儿老板说的话，整个人一下子就愣在那里了！她心里想：是啊，妈妈辛辛苦苦地养育我那么多年，我非但不感激她，还因为小事和她吵架，真是不应该啊！

姚瑶知道自己错了，后悔了。于是鼓起勇气，往家的方向走去。快要到家的时候，姚瑶远远地望见了疲惫而焦急的母亲正在路口四处张望。妈妈终于看到了姚瑶，对她没有一丝责怪，而是忙喊：“你这孩子去哪了？这么冷的天，赶紧回家吃饭。”此时，姚瑶终于感觉到最爱自己的还是母亲。

我们也许曾经有过与上述那个女孩同样的感受，感觉陌生人对自己都比家人好。事实上，我们是受“贝勃定律”的影响而产生了这样的心理错觉。我们与亲人生活在一起，他们对我们的关心照顾体现在日常生活中的点点滴滴，时间一长，我们就习惯了接受这种关爱，感觉也就变得麻木了。而陌生人偶尔一次关照，我们却特别感动。

因此，我们应该清楚地认识到，对陌生人的帮助，我们应当报以适当的感恩，而对于亲友的帮助，应该报以更大的感恩。不要让自己受“贝勃定律”的影响，不能凭感觉论事，做出误会或者伤害自己的亲人和朋友的事情来。

※……如何做到专注不分心：衍射心理

也许，你因为惦记着一个电话，哪怕是和朋友出去时，也频繁地翻看手机，唯恐错过了某个人的电话，结果是电话没打来，你也没有尽情享受和朋友游玩的时光；你可能因为想着下班后与朋友的约会，以至于开会时竟然不记得领导讲些什么……这些情况的发生，与心理学上的衍射心理有关。衍射心理也叫延伸心理，说得更明白点，它其实也是一种心理暗示。人们在这种心理暗示下，即使自己不想那样去做但又会不自觉去服从。

衍射心理是挪威心理学家诺德斯克提出的。诺德斯克右腿要比左腿长2.7厘米，这是他服兵役期间的一次军事演习上受伤导致的，而真正受伤的原因不是别的，而是一条鞋带所致。黑夜的紧急集合开始了那次军事演习，由于时间匆忙，诺德斯克没有系紧鞋带就跑出来集合了。就在他准备重新系一下鞋带的时候，演习开始了。从那一刻开始诺德斯克就一直在想着鞋带还没有系紧的事情，总是在担心鞋带是否已经松开，会不会突然绊倒自己。因此，他一直无法集中注意力，结果导致大腿中弹。其实他原本是不需要担心的，因为那根鞋带一直很好地系在鞋上。

诺德斯克根据自己的感受和经历，提出了心理学上著名的“心理衍射论”。心理衍射论的理论基础是细小事件的衍射作用，主要表现为大脑因为小事的纠缠致使精神无法集中或者注

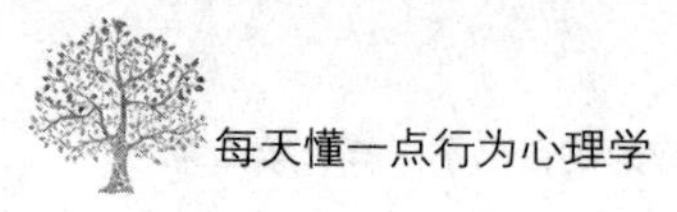

意力发生转移。

日常生活中，“衍射心理”的现象是普遍存在的。例如，上课的时候想着今天的NBA比赛到最后一场了，结果就没有听到教授讲的是什么内容。可以看出，“衍射心理”在影响着我们的行为。我们似乎感受不到它的存在，但是它可以在不知不觉中左右着我们的行为，使我们的行为出现偏差。

很多事情，即使是很小的事情也很容易引起人们的“衍射心理”，一旦有什么事被忽略，内心总是害怕给自己带来不良影响；或者内心惦记着其他更为重要的事情，难以平静下来，无法集中精力，从而引起情绪上的波动，影响现在的工作或者学习效率。

那么，有没有方法来减少人们受“衍射心理”的影响，让人们集中精力完成自己的事情？对此，心理学家给出两个方法。

1. 深呼吸法

如果脑子一直反复思考某件事，注意力无法集中时，最好先放下手中的工作，然后做一个深呼吸，要做到完全呼吸，然后观察周围的人和事，越细致越好，最好能观察到某个人头发上的饰品是什么，衣服上的皱褶有多少等，这样坚持1分钟左右，心态就会得到调整。

2. 习惯覆盖法

心理学上的习惯，一般是指“带给个体心理压力较小的行为”。所以，我们可以选择用以往的习惯暂时覆盖“衍射心理”。例如，你喜欢听音乐，听音乐时能让你得到放松，并感到愉悦，那么发生“衍射”情况时，你就不妨试着听听音乐，使自己的注意力发生转移，忘记正在纠缠自己的事情。注意力转移了，“衍射心理”自然就不会影响到你了。

总之，我们要善于摆脱“衍射心理”的消极影响，想办法使自己尽快从某种忧虑、担心中跳出来，使自己的注意力得到转移，而不再受其他事情的干涉和困扰，正常地工作和生活。

这世上所有的美好，都源于专注

我们为什么有时候可以将两件甚至更多件事同时做好，而有时候却又不能了呢？

小的时候，我们经常被老师和家长教育“一心不能二用”，这种说法并不是没有道理。举个最简单的例子，两只手同时各拿一支笔，左手在纸上画方，右手画圆，看看你能不能画出一个完美的四方形和圆形。很多人会发现，这很难做到。但是，有时候，我们有些人也可以一边听音乐一边工作，而不会影响到工作效率。

其实，这与人们注意的分配性有关。注意的分配是指人在进行两种或两种以上的活动时把注意指向不同对象的现象。注意的分配之所以可能，从生理上来看，是因为大脑皮层上占主导地位的区域兴奋时，某些其他区域只有局部的抑制，从而能够控制一些同时进行的动作。如果动作是习惯的和自动化的，那么，当同它相应的大脑皮层区域处于局部抑制状态的时候，进行这些动作的可能性就大些。

注意的分配是有条件的。首先，同时进行几种活动之间的关系很重要。如果它们之间毫无联系，同时进行是很困难的；但如果它们之间已经形成了某种反应系统，同时进行就比较容易。其次，同时并进的两种活动，其中必须有一种是熟练的。人们对熟练的活动无须分配更多的注意，而把注意中心集中在比较生疏的活动上。例如，学生上课可以边听边记，因为对写字已经很熟练了，所以自然就把注意力集中在听课上。

“一个人做事缺乏效率的一个根本原因，就在于没有固定的目标，他们的精力太过分散，以至于一无所成。”著名效率管理专家史蒂芬·柯维在分析了众多个人在工作上效率低下的案例之后得出了这样的结论。所以，当我们陷入琐碎事物中时，一定要自我反省。问问自己：你现在的工作是否接近你最优先考虑的事情。如果不是，就终止它们，并着手重要的事项。

事实上，当一个人养成做事有“明确的主要目标”的习惯后，就会培养出能够迅速做决定的习惯，而这种习惯对他提高做事效率很有帮助。相反，那些同时有着很多目标，精力分散的人会很快耗尽他们的精力，消磨掉原先的雄心壮志。

的确如此，许多在工作和生活中缺乏效率的人，就是因为目标过多，导致自己无法将精力集中在重要的事情上，如果他们能努力集中在一个目标上，就可以使他们获得巨大的潜在能量，把握住更高的成功概率。我们应该让自己变成现代的时间驾驭者，减少例行公事，并多参与困难的决策和计划，增加自身价值，提升高效处理事件的能力。

任何复杂的工作都要求人们分配好注意，注意力分配的能力主要是在实践活动中锻炼出来的。注意力的分配因人而异，同时也与他对活动的熟练度有关。我们在做一些重要的事情时，最好不要分散注意力，只有高度集中、稳定的注意，才能保证事情的顺利进行，并取得良好的效果。如果不善于分配注意的话，事情就不能做好，甚至还可能酿成事故。

你的日常行为可能正在侵蚀你的大脑

※…… 心理卷入：情商高，就是有界限感

有句俗语是，好事不能一次做尽，好话不能一次说完。这句话，既是一种人际交往的交流之道，也是一种心理学现象。

小惠有位很好的朋友小莉。小莉的家庭生活并不幸福，她在家经常与婆婆产生摩擦，从而导致了与丈夫的关系也不和谐，夫妻俩经常吵架。小惠每次听小莉声泪俱下地控诉完婆婆与丈夫的不是之后，感觉到小莉那份难以启齿的难受时，也和小莉一样难受万分，可是却没有办法解决。眼看自己帮不了好朋友的忙，小惠也闷闷不乐，心情差到极点。

小惠曾在心里一遍遍劝诫自己：小莉有困难她自己会解决的，自己没必要也跟着痛苦不堪。然而，一遇到小莉有什么事，小惠却又烦躁不安。

这种过度为他人操心和受他人影响的心理情绪，在心理学上称为“心理卷入程度过高”。心理卷入程度过高是指个人在心理上与环境信息的关联程度过高。例如，在人际交往中，有人会过分地关心朋友的事情，朋友遇到困难了，他比朋友还忧心忡忡；朋友办事出现失误，他比朋友还内疚和自责。

心理卷入程度过高的人，很容易受到外界环境的影响，总是把自己和周围的环境联系在一起，导致情绪波动大，行为控制不当，进而出现心理问题或人际关系障碍。

造成心理卷入程度过高问题，主要是因为当事人不自信，比如特别在乎别人的议论，担心遭到别人的否定和排斥。此外，由于个体心理独立性发展不完善，个人的状况和心理状态易受环境和他人的影响。再者，是因为缺乏必需的社会知觉和人际交往技巧，不会恰当地判断事件与自己的关联程度，以及对方的行为可能给自己造成的影响。

解决心理卷入程度过高的问题，一是要信任别人，相信别人能为自己的事负责、能解决好自己的问题，不要越俎代庖，负自己不该负的责任。二是加强自信和独立性，有自我价值观与生活支撑点。只有在心理上消除对他人的依赖，才能驾驭自己的生活和情感。

许多初涉社交圈的人常犯的一个错误就是“好事一次做尽”，以为自己全心全意为对方做事会使关系融洽、密切，事实上并非如此。因为人不能一味接受别人的付出，否则心理会感到不平衡。“滴水之恩，涌泉相报”，就是为了使关系保持平衡的一种做法。如果你总是在帮别人，使人感到无法回报或没有机会回报，愧疚感就会让受惠的一方选择疏远。因而，留有余地，好事不一次做尽，这也是平衡人际关系的重要准则。

“过度投资”，不给对方喘息的机会，会让对方的心灵室息。留有余地，彼此才能自由畅快地呼吸。如果你想帮助别人，而且想和别人维持长久的关系，那么不妨适当地给别人一个机会，让别人有所回报，不至于因为内心的压力而疏远了你。

提升自信心的最好方式：和自己积极对谈

尽管人们常说："闲谈莫论人非。"事实上很少有人能够真正做到。生活中，我们难免会对别人的行为做出评价，哪怕是无心的，但也会给别人造成消极的影响，甚至影响到你的人际关系。

说别人的坏话，这一点大多数人都能认识到。但是生活中，我们通常也会无意识地说自己的坏话，比如"我太胖了""我的工作能力不如他"……这样的坏话有的人会当众说，取笑自己、损毁自己，也有的人当众不说，只是在心底暗自抱怨自己。

说自己的坏话其实就是一种消极的心理暗示。有没有一种方法来校正这种不好的习惯？心理学家认为通过积极关注可以有效地改变自己说坏话的毛病。

积极关注，原本是心理治疗上的一个概念，是一种共情的态度，是指心理咨询师、治疗师以积极的态度看待求助者，注意强调他们的长处，有选择地突出求助者及其行为中的积极方面，利用其自身的积极因素进行治疗。其实，不仅在心理治疗上，在日常与自己的对话中，我们也都需要给予自己积极的关注。

积极关注自我，要从我们自身的某个优点开始。不管你对自己是多么失望，对自己的处境是多么担忧，每个人身上总会有这样那样的长处，缺点固然不可忽视，但优点也是客观存在的。每个人的身上都有潜力存在，都存在着一种积极向上的成长动力，通过自己的努力、外界的帮助，每个人都可以比现在更好。

生活中，很多的年轻人，家庭环境一般，自身条件一般，学历一般，能力一般，刚走入社会不久，看起来好像是“一无所有”，因此妄自菲薄，产生自卑情绪。其实，通过积极的自我关注，往往能让人变得自信、乐观。

奥斯卡1986年出生在南非，出生时小腿就没有腓骨，且一共只有4个脚趾。11个月大时，他双腿膝盖以下被截肢，6个月后装上假肢。由于从小就靠假肢走路，奥斯卡刚开始不愿出门，终日在家郁郁寡欢。因为只要他一出门，小伙伴不是用奇怪眼光看他，就是以他听不清的声音议论他，他觉得自己真是一个不幸的孩子。他的爸爸看到这一切，决定改变他的现状。这天，爸爸对奥斯卡说：“孩子，请你帮我把门口的那个大木桶拿来。那个木桶比一般木桶大，而且桶里装满了水，奥斯卡试了一下，提不动。看到爸爸期待的眼神，他用尽所有的力量，终于把木桶提起来，艰难地送到爸爸身旁。这时，爸爸说：“孩子，你的小腿虽然没有腓骨，但你的手臂很有力。别的小朋友都不如你。不信你出去和小朋友比试一下。那天，奥斯卡真的走出家门和小朋友比试手臂的力量，结果大家都不如他。从此，奥斯卡觉得自己浑身充满了力量，开始像正常人一样参加体育运动，并选择了橄榄球和水球作为主要运动项目。

17岁时，奥斯卡成为比勒陀利亚大学工商管理专业的学生。

然而2004年1月，他在一场橄榄球比赛中右膝严重受伤。奥斯卡决定从事短跑。仅仅进行了两个月短跑训练后，他便在家乡的一次残疾人运动会上一鸣惊人，100米跑出了11秒51的成绩，而之前的残疾人世界纪录为12秒20。2004年下半年，他的成绩开始轰动南非。作为一个残疾人，生性坚强的他不但没倒下，反而成为世界上跑得最快的无腿人。他经常对自己说："我没有丧失能力，我只是没有腿而已。"

奥斯卡通过积极关注自己的优点，建立了信心。他相信自己只是没有腿而已，能力不会比健全人差。在坚定信念的同时，他付出了巨大的努力，因此，他也得到了可喜的回报。

不要把注意力放在自己的缺点或劣势上，要知道，在这个忙碌的社会，没有人会关注你的缺点。你应该把注意力转移到自己的专长上来，不要管别人对你说了什么，也不要想那些烦恼的事情，只做你自己喜欢做的事情，做最好的自己就行了。

每一个人都有自己的优势，千万不要妄自菲薄。要摆脱消极情绪，就需要对自己积极关注——说自己的好话！对自己积极关注，有三点非常重要。

（1）找出自己的优点，并不断地暗示自己，强化自己。

（2）坚定自己的信念——我一定可以活得更好。

（3）提高自己忍受挫折的能力，努力改变糟糕的现状，让自己变得更好。

正面情绪如何影响我们的行为

很少人能真正做到“不以物喜，不以己悲”。的确，控制情绪不是一件容易的事。情绪不可能被完全消灭，但可以进行有效疏导、有效管理、适度控制。美国哈佛大学心理学教授戈尔曼认为，情绪意指一个人的情感及其独特的思想、心理和生理状态，以及一系列行动的倾向。

现实生活中很多事情都会影响到我们的心情。当遇到开心的事，我们就高兴；当遇到倒霉的事，我们就伤心。也就是说，我们的心情有时候完全被外界环境所掌控。

在潜意识里，我们希望任何事物都按自己的意愿发展，否则就感到很痛苦。当你失去了某件最心爱的物品，当你考试失利了，当恋人抛弃了你……当你付出足够的努力还是没能得到期待的结果，你很可能会变得郁郁寡欢，甚至会自怨自艾，从此一蹶不振，甚至丧失了对工作和生活的信心。其实，你只是从事情发生的角度去想问题，而没有全面地考虑这些事情的发生究竟给你带来了什么。任何事情的发生都有得有失，如果你能换个角度看，也许就不会如此痛苦不堪了。

有一个年轻人失恋了，情绪一直低落，甚至已经影响到了他的正常生活，他没办法专心工作，因为无法集中精力，头脑中想到的尽是前女友的薄情寡义。他认为自己在感情上付出了，却没有得到回报，自己很傻很不幸。于是，他找到了心理医生。心理医生告诉他，其实他的处境并没有那么糟糕，只是他把自己想象得太糟糕了。在给年轻人做了放松训练，缓解了他的紧张情绪之后，心理医生说道：“假如有一天，你到公园的长凳上休息，把你最心爱的一本书放在长凳上，这时候走来一个人，直接坐在椅子上，把你的书压坏了。你会怎么想？”“我一定很气愤，他怎么可以这样随便损坏别人的东西呢！太没有礼貌了！”年轻人说。“那我现在告诉你，他是个盲人，你又会怎么想呢？”心理医生接着耐心地继续问。“哦！原来是个盲人。他肯定不知道长凳上放有东西！”年轻人摸摸头，想了一下，接着说：“谢天谢地，好在只是放了一本书，要是油漆，或是什么尖锐的东西，他就惨了！”“那你还会对他愤怒吗？”心理医生问。“当然不会，他是不小心才压坏的嘛，盲人也很不容易的。我甚至有些同情他了。”心理医生会心一笑：“同样的一件事情——他压坏了你的书，但是前后你的情绪反应却截然不同。你知道是为什么吗？”“可能是因为我对事情的看法不同了吧！”

对事情不同的看法，能引起自身不同的情绪。很显然，让我们难过和痛苦的，不是事件本身，而是对事情的不正确解释和评价。这就是心理学上的情绪ABC理论的观点。

情绪ABC理论的创始者埃利认为，正是由于我们常有的一些不合理的信念，才使我们产生情绪困扰，如果这些不合理的信念日积月累，还会引起情绪障碍。

在情绪ABC理论中，A表示诱发事件；B表示个体针对诱发事件产生的一些信念，即对事件的看法和解释；C表示个体产生的情绪和行为结果。通常人们会认为诱发事件A直接导致了人的情绪和行为结果C，发生了什么事就引起了什么情绪体验。然而，同一件事，人们的看法不同，情绪体验也不同。

同样都刚刚失恋，有的人放得下，认为失去一个不爱自己的人是一件好事，失恋才能有机会寻找到一个爱自己的人；而有的人却伤心欲绝，埋怨对方无情，自己把所有的心思都投入这段情感中，甚至认为自己今生可能都不会有爱了。这两类人面对同一件事件的态度不同，就是因为看待事情的角度不同，他们的情绪体验当然不同。

对于上例那个失恋的年轻人来说，失恋只是一个诱发事件A，结果C是他情绪低落，生活受到影响，无法专心工作；而导致这个结果的，正是他的认知B——他认为自己付出了就一定要得到对方的回报，自己太傻了，太不幸了。假如他换个想法——她这样不懂爱的女孩不值得自己去珍惜，现在她离开可能避免了以后她对自己造成更大的伤害，那么他的情绪体验显然就不会像现在这么糟糕。

因此，当我们情绪不好的时候，我们要学会疏导自己的情绪，调节心情。比如，问问自己，为什么这么不开心，告诉自己，其实事情没有自己想象的那么严重，不如换个角度看待这个事情，郁闷的心情就会释然不少。

为什么失去让我如此心痛：参照依赖

得与失都是比较出来的，即使拥有同样的东西，一旦在比较中觉得比别人差，便怅然若失；而若是比别人更有优势，则会为

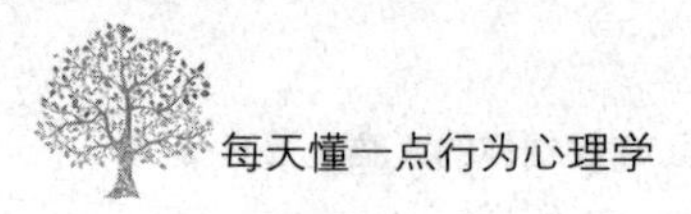

所拥有的感到兴奋。所以，农村里的“万元户”通常比城镇里的“百万元户”更容易拥有幸福感。

小张今年收入20万元，小学同学聚会的时候，聊起收入他很兴奋，因为在那个圈子里他属于高收入者，很有优越感。但如果是大学同学聚会，他则不乐意谈及收入，甚至会为此失落，因为在那个精英云集的朋友圈里，高收入者比比皆是，他甚至还有很多不如人之处。

不难看到，所谓的损失和获得，一定是相对于参照点而言的。卡尼曼称之为“参照依赖”（Reference Dependence）。不同于传统经济学的偏好理论（Preference Theory）假设——人的选择与参照点无关，行为经济学证实，人们的偏好会受到单独评判、联合评判、交替对比及语意效应等因素的影响。

参照依赖是前景理论四个原理（前景理论四原理：第一，确定效应，处于收益状态时，多数人是风险厌恶者。第二，反射效应，处于损失状态时，多数人是风险喜好者。第三，损失规避，多数人对损失比对收益更敏感。第四，参照依赖，多数人对得失的判断往往由参照点决定）之一。

根据参照依赖原理，一般人对一个决策结果的评价，是通过计算该结果相对于某一参照点的变化而完成的。人们看的不是最终的结果，而是看最终结果与参照点之间的差额。一样东西可以说成是“得”，也可以说成是“失”，这取决于参照点的不同。

前景理论最重要也是最有用的发现之一：当我们做有关收益和有关损失的决策时表现出不对称性。对此，就连传统经济学的坚定捍卫者——保罗·萨缪尔森也不得不承认："增加100元收入所带来的效用，小于失去100元所带来的效用。"

假设有这样一个赌博游戏，投一枚均匀的硬币，正面为赢，反面为输。如果赢了可以获得50000元，输了失去50000元。请问你是否愿意赌一把？请做出你的选择。

从整体上来说，这个赌局输赢的可能性相同，就是说这个游戏的结果期望值为零，是绝对公平的赌局。你会参与这个赌局吗？大量类似实验的结果证明，多数人不愿意玩这个游戏。为什么人们会做出这样的选择呢？

根据参照依赖原理，人们对损失要比对相同数量的收益敏感得多，因此即使股票账户有涨有跌，人们也会频繁地为每日的损失而痛苦，最终将股票抛掉。一般人为规避这种损失，会放弃本可以获利的投资。这也可以用前景理论的第三个原理，即损失规避来解释：大多数人对损失和获得的敏感程度不对称，面对损失的痛苦感要大大超过面对获得的快乐感。虽然出现正反面的概率是相同的，但是人们对"失"比对"得"更敏感。想到可能会输掉50000元，这种不舒服的程度超过了同样可能赢来50000元的快乐。

可见，非理性的得失感受对决策产生的影响不能小视。

假装开心可能会让快乐成真

许多心理学家一致认为，改变一个人的行为可以间接改变他的情绪状况。例如，我们常常逗眼泪汪汪的孩子说："笑一笑

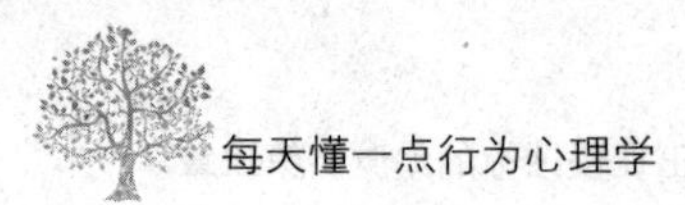

呀。”结果孩子勉强地笑了笑之后，跟着就真的开心起来了。行为的改变会导致一个人情绪的变化。心理学家艾克曼的最新实验表明，一个人老是想象自己进入某种情境，感受某种情绪，结果这种情绪十有八九真会产生。一个故意装作愤怒的实验者，由于“角色”的影响，他的心搏率和体温会上升。

暖兮是一个容易忧伤的女孩，她的气质充满了忧郁。那些美丽的哀愁总是在她的脸上挥之不去。男友的几句无心之话会让她难受很久，领导稍稍变化的脸色她都能迅速捕捉到，几乎每一件不太愉快的事情，都会在她的心中盘旋很久。在长期的抑郁之中，连她自己都觉得喘不过气来，人也渐渐地憔悴下去。有一天，她将参加一个很重要的会议，但是看着镜子里那张无精打采的萎靡表情，她拿自己没办法了。她打电话问朋友如何才能快乐一些，如何才能容光焕发一些？朋友告诉她：假装快乐！你就会很快乐。于是她照做了。在那个会议的谈判过程中，她谈笑风生，笑容可掬，成功地争取到了新的合同。

生活中总有一些人天性忧郁，整日为那些琐碎的小事伤感。对此，卡耐基说：“假装快乐，你就会真的快乐。”当我们尝到苦涩，笑不出来的时候，咧开嘴，给别人一个微笑，我们同样也会收到无数个微笑。当整个世界都对着我们笑的时候，我们还有什么理由不快乐呢？

假装快乐是一种快速调整情绪的方法，虽然治标不治本，但的确有效。汉斯·威辛吉教授认为：“你不能只坐在那里，等待快乐的感觉出现，反之，你应该站起来，开始学习快乐的人的动作和谈吐。假装快乐不能在30天中把一个内向的人变成一个开心的外向的人，却是迈向正确方向的第一步。”心理学研究发现，人类身体和心理是互相影响、互相作用的。某种情绪会引发相应的肢体语言，比如愤怒时，会握紧拳头，呼吸急促。然而，肢体语言的改变同样也会导致情绪的变化，比如当强迫自己做微笑动作的时候，我们也会发现内心开始欢喜，所以假装快乐，我们就会真的快乐起来，这就是身心互动原理。

在生活中，我们可以试着以一种快乐的方式去生活，比如，用充满喜悦感的方式去走路，表现得轻快活泼，抬头挺胸，步伐轻盈。同时暗示路边的人，总有让人欣赏的一个小点。我们在说话的时候，也可以让自己的语调更有变化性，无论是对别人还是对自己都有意识地多使用一些肯定意义的言辞。

当然，最好的方式，就是保持微笑。有研究结果表明，保持微笑的表情15～30分钟，可以让自己真的开心。当然了，这个笑不能是“假笑”，因为这很有可能让自己变成“面瘫怪”。就像假奶粉、假药、假币一样，“假”的东西无法给人笃定的真实感和信任感。所以，我们最好让微笑和快乐的想法形成一种良性的互动。

被动攻击，不如表达愤怒

生活中，当愿望不能实现或为达到目的的行动受到挫折时，人的心里通常会出现一种紧张而不愉快的情绪。有人认为可以发泄不愉快的情绪，因为这种沮丧感如果蓄而不发，可能会导致报

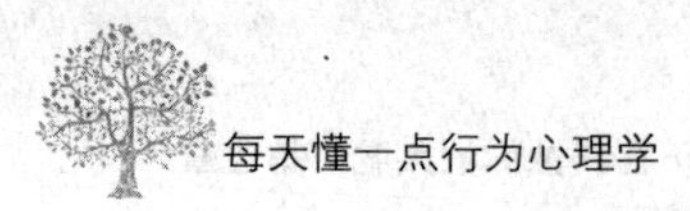

复行为。也有人说释放愤怒会产生攻击行为，是一种不理智的行为，我们应该淡定。

通常情况下，人们往往也只从负面角度去理解“发泄”这个词，认为“发泄”一定是要爆发、指向他人、具有破坏性的。但事实是发泄也可以不那么歇斯底里，它甚至可以是平静的，发泄的方式有很多，如哭泣、倾诉、唱歌、垂钓等等。那么，人们应不应该发泄愤怒呢？

加州心理学家和婚姻咨询师乔治·巴哈博士，曾接待过几对以消极方式表达愤怒的夫妇，他们采用非身体性攻击手段发泄愤怒。巴哈博士由此得出结论，不会正确表达愤怒并因此不公正还击的夫妇，通常关系很坏。

巴哈及其他专家认为，愤怒一类的消极情绪可以通过正确渠道排泄出去。他们呼吁人们学习“创造性争吵”，表达愤怒但不贬损对方或伤害对方的自尊。这个方法要求双方在不损害双方关系的基础上，坦诚表达各自的情绪。如果“创造性争吵”不合自己的口味，我们可以采用其他方法，一定要确保对方明白你的用意。

从弗洛伊德创立精神分析学派以来，不少心理学家都认为人的心理疾病往往是由于压抑引起的，因此咨询师通常都会让寻求帮助的来访者先尽量发泄他们的情绪。比如鼓励他们号叫、撕咬、捶胸顿足、拳打脚踢，直至愤怒被完全发泄完为止。

基于这个原因，一些公司设立了“发泄屋”，屋里陈列假人若干，假人们身背公司各高管名，让那些在工作中受了委屈而又不能和高管争吵的员工可以到此发泄愤怒。来的时候每个人都老脸通红，离开的时候大家心情舒畅。应该说，发泄屋在避免下属和上级之间的直接冲突方面，作用很明显。

在另一个实验里，心理学家艾贝森对美国一家因生意合同被取消而突然解聘200名新进员工的公司所做的调查显示，在“离职面谈会”上被鼓励尽量发泄他们不满的员工说出了对公司和领导、同事的不满，甚至包括很多气话、粗话及脏话。

在后来的问卷里，对公司及部门主管都有比其他员工更多的不满与敌意。这个实验也显示，采用具有攻击性的发泄方式可能并不能解决问题，反而会让事情更加糟糕。但这个实验同样存在问题，即被辞退的员工心里未必都有怨气，鼓励他们发泄不满实际上是给予他们“公司很糟糕”的心理暗示，他们的怨气很可能是被诱导出来的而非一开始就有，而在生活中那些需要发泄的人们心中已经很愤怒了。

任何事情都可能导致人们产生愤怒的情绪。卡罗尔·塔佛瑞斯指出，说出愤怒对双方来说都可以是一种正性体验，但要选择成熟的表达方式——愤怒的表达不是为了让某一方狼狈不堪。愤怒可以转变为口头表达烦恼、不快或委屈。谈论某次错误行为，其首要目的是消除任何受伤情绪，并确保下不为例。如果未能谈论自己的愤怒，就不会修正过错方行为，我们讨厌的行为或言语还会重演。那么，我们到底应该对愤怒采取什么态度呢？

1. 极端的愤怒者

某些容易爆发愤怒的人可能患有某种人格障碍。生活中我们经常会发现，有的人很容易就胃疼，而另一些人则从来没有疼过，肠胃有某种缺陷的人特别容易诱发肠胃疾病。同样的道理，神经系统存在某种问题的人也容易被激怒，而这种愤怒并不是当事人愿意的，就好像处于生理周期的女性，她们会被内分泌变化控制情绪。对这些愤怒者，普通的发泄和心理咨询都是无效的，他们需要接受治疗，很多时候必须是药物治疗。

2. 习惯性愤怒者

有人在生活中错误地养成了不正确的习惯和态度。那些年少时经历过家庭暴力或者身体虐待的人往往无法控制自己的愤怒。他们倾向于认为别人与他们为敌，认为愤怒爆发是不可避免的，只有愤怒才能帮他们解决问题。

另一种情况是当分歧发生时，如果某人采用发怒的方式，这时周围人退让妥协了，以后发怒者就更加可能采取发怒的方式来实现自己的目标。

这两种愤怒者的发泄也是无效的。因为他们往往会对发泄上瘾，发泄的情绪越多，需要发泄的情绪也就越多。因此，习惯性愤怒者要尽可能压抑怒气，或者通过深呼吸、自我暗示等方式自我控制。

3. 普通愤怒者

我们可以粗略地将普通人分为两类，一类是性格内向型，一类是性格开朗型。对于比较“闷”的内向性格的人，最好采取恰当的发泄方式转移他们心中的愤怒，比如让他们痛哭、倾诉等。而对于开朗的人，则可以鼓励他们采用更积极更淡定的方式发泄。

研究表明，恰当宣泄愤怒的孩子在成长的过程中较少出现情绪和社会问题。心理学家认为发怒可以在短期内调动人的大量体能，它可以点燃我们的野心。因此，只要我们能够恰当地、富有成效地宣泄，愤怒不一定是毁灭性的。

不是没有情绪，而是不要被它牵着走

生活中，我们的坏心情就像流感一样，如果不加以控制，就会不断蔓延。下面这个故事，就是很好的证明。

王先生是某私企的总经理，对公司管理非常严格，而且以身作则，每天都早来晚走。但是，有一天早晨，王先生看报太入迷，出门晚了。他匆匆忙忙地开车，闯了一个红灯，正巧被警察逮到，还罚款了。本来上班就迟到了，没想到还被罚款了，王先生气急败坏。刚到办公室，正好碰到项目经理向他汇报工作，他没好气地问："上周那个项目敲定没有？"项目经理告诉他还没有。他大吼道："我已经付给你七年薪水了，现在我们终于有一次机会做笔大生意，你却把它弄吹了！如果你不把那个项目争回来，你就别想再踏进公司半步！"

项目经理怀着一肚子不满回到自己的办公室，心想："我为公司卖了七年力，你王经理不过是个傀儡。现在，就因为我丢掉了一个项目，就恐吓要解雇我，太过分了！"正巧秘书来找他签字，他马上问秘书："今天早上我给你的那五封信打好了没有？"秘书回答说："还没，我……"他立刻冒起火来，指责说："不要找任何借口，我要你赶快打好这些信件。虽然你在这儿干了三年，但不表示你会一直被雇用！"

秘书愤怒地回到自己的座位上，心想："三年来，我一直很努力工作，经常超时加班，现在就因为我无法同时做两件事，就恐吓要辞退我。太欺负人了！"

秘书下班回家，看到9岁的儿子正悠闲地打着游戏，立刻叫起来："我告诉你多少次，要好好学习，赶快给我回到房里去看书！"

儿子回到自己房间，心想："妈妈刚到家就冲我发这么大的火，真过分！"这时，平时他最喜欢的小狗走了过来，他二话没说就狠狠地踢了小狗一脚："给我滚出去！"

小狗疼得乱窜，发疯似的冲出门乱咬，还咬了一个人——那个人正好是从这里路过的王总经理。

这个故事的恶性循环的结果有些可笑，但是这种情绪转移现象在生活中却并不少见。一个人的不良情绪一旦无法正常发泄和排解，往往会找一个出气筒，把情绪转移到别人的身上，有时甚至是无意识的，自己也很难控制。

我们是否有过这样的经历：遇到塞车时，如果有一个司机不耐烦地按喇叭，那么这种烦躁的情绪便会传染开来，后面的司机也会不停地跟着按喇叭。同时，喇叭那刺耳的声音又会使更多的乘客和司机烦躁不安。这种现象在心理学上被称为"坏情绪的转移"。

情绪转移定律，指人的不好情绪如果没有得到适当的宣泄，就会转移到其他人和事上，是一种情绪的蔓延现象。这种心理现象也可以很好地解释什么是"迁怒"。

要知道，快乐的钥匙不是掌握在别人手中，而是掌握在自己手中。我们郁闷也好，快乐也好，其实都不是由外界原因造成的，而是由我们自己的情绪造成的。我们的幸福，通俗来讲，就是一种愉悦感，而这种愉悦感很大程度上来源于我们的好心情。所以，我们要做情绪的主人，而不能被情绪所左右。心理学家研究证明，人不仅仅是消极情绪的放大镜，而且也是积极情绪的制造者，生气郁闷只会折磨自己。我们应该学会调整自己的情绪，保持积极情绪。

保持积极情绪的方法有很多种，包括宽容别人，保持积极乐观的心态，能接纳自己的情绪变化，及时调整自己的不良心态，掌握有效的自我调节的方法等。如果我们不慎掉进了河沟里，不妨想想正好衣服该洗了；当我们参加一些重要的考试或活动，感到非常紧张，可以在心里暗暗提醒自己“沉住气，别紧张，胜利一定是属于自己的”，这样自然就会冷静下来，信心百倍；当遭遇困难和逆境时，想想“失败乃成功之母”，振作精神，那么，下一步或许就会走向成功。

快乐时，我们的大脑记得又快又好

弗洛伊德说过，人有记取愉快经验，遗忘不愉快经验的倾向。那么，到底是因为这件事情愉快所以被记住，还是因为我们心情愉快的时候容易记住事情呢？

请你尽可能回想自己小学时发生的事情，并将回想起的内容列出来，分成愉快的、不愉快的、普通的三种。哪一种回忆会最多呢？结果显示，愉快的记忆约50%，不快的记忆约20%，普通的记忆则约30%。哲学家尼采曾说过：“不愉快的事是潜藏着遗忘倾向的。”事实也的确如此，失败的或是错误的事是最容易被忘记的。例如，达尔文一旦发现和自己学说有冲突的理论时，就要把它记在备忘录上，因为他说如果不记下来的话，很快就会忘记。

不仅是心灵上的不快，肉体上的痛楚也容易被遗忘，甚至比精神上的痛苦更容易被遗忘。譬如，由于经历生育时的痛楚，生第一胎之后，做母亲的常会不想再生下一胎了，结果第二个，甚至第三个孩子还是照样生下来了。醉汉在喝醉酒时把酒或钱藏在一个地方，清醒后却想不出放在何处；然而，等他又喝起酒来时，可能就又回想起来了。如果不考虑情绪和记忆的关系，那么，这些事例所代表的意义不过是愉快的经验比不愉快的要多罢了。如果再以弗洛伊德的思想来看，这些情况就代表不快的体验被压抑着，并封闭在潜意识的内心深处。

那么，是否仅仅是因为不快的经验被压抑，我们记住的愉快经历就更多一些呢？其实，不仅如此，记忆和当时的状况——感情或气氛之间存在紧密的关系。情绪是影响智力活动的重要因素，情绪怎样，将对记忆效果的好坏起很大的作用，在特定的条件下甚至会起到决定性的作用。人的情绪大致可分为两类——愉快的情绪和不愉快的情绪，它们对记忆的作用是不一样的。

愉快的情绪，叫作积极的增强情绪。它包括希望、快乐、恬静、好感、愉悦与乐观等情感体验。这种情绪能够使人体的各种生理机能活跃起来，提高人的生活动力，增强人的体力精力，驱使人去活动，产生强烈的求知欲，使大脑的工作状态最佳化，大大提高大脑的工作效率和记忆功能。

不愉快的情绪，叫作积极的削弱情绪。它包括愤怒、焦急、害怕、沮丧、悲伤、紧张和不满等情绪体验。这种情绪对人体的器官、神经、肌肉和内分泌刺激很大，既有害健康，又影响大脑的记忆功能。比如，有的新演员把台词背得滚瓜烂熟，可是一登台，看见台下黑压压的一片人，马上紧张过度，把台词忘得一干二净。有的学生平时学习很刻苦，知识记得很牢固，但一到考试就过度紧张，把本来已经记得很熟的内容也忘了。恐惧与害怕造成遗忘的现象也是很常见的。古人司空图的《漫题三首》诗中，有一句是“齿落伤情久，心惊健忘频”。这后一句的意思是：内心惊悸害怕，健忘的事连连发生。因情绪不良而导致健忘，古人的描写与观察十分正确。

关于情绪对记忆力的增强和削弱作用，我们也可以在文学名著中找到相关的描述。

比如，法国作家巴尔扎克在其著作《欧也妮·葛朗台》一书中，用夹叙夹议的笔法写到了情绪提高查理记忆力的情节：“在一生的重要关头，凡是悲欢离合之事发生的场所，曾跟我们的心牢牢地粘在一起。所以查理特别注意到小园中的黄杨树、枯萎的落叶、剥落的围墙、奇形怪状的果树，以及一切别有风光的细节，这些都将成为他不可磨灭的回忆，和这个重大的时间永远分不开。因为激烈的情绪有一种特别的记忆力。”

相反的，鲁迅小说《祝福》中的人物祥林嫂记忆力却显得很差。祥林嫂再嫁没几年，丈夫病死，孩子被狼叼走了，她只好再度来到鲁四老爷家当女工，心里充满悲哀、痛苦、孤独。鲁迅写道：“然而这一回，她的境遇却改变得非常大。上工之后的两三天，主人们就觉得她的手脚已没有先前一样灵活，记性也坏得多……”

巴尔扎克和鲁迅不愧为文学大师，他们关于特定条件下人物的情绪与记忆的关系描写是符合生活逻辑的。查理记性好，祥林嫂记性差，都是因情感体验所致。从这些例子和心理学的研究分析可知道，让情绪保持高昂的状态，记忆效果才最佳。

如何让工作变得使人感到快乐

你不需要鸡汤，需要成就感

每年5～9月份，几乎每天都有应届大学毕业生因为害怕工作而遇到心理困惑和问题。据了解，在刚毕业的大学生中，这种恐惧上班、害怕工作的情绪并非个别现象，到全国各高校的论坛上，每天都可以浏览到大量关于“工作恐惧症”的信息。

吴洁是一名金融专业的应届毕业生，前一段时间她按照父母的意愿进了一家银行工作，待遇还不错。由于是新人，她一开始被安排到柜台点钱，“工作日复一日，太枯燥了！”作为一名时髦女孩，吴洁心底更向往光鲜亮丽的职业。于是，在银行工作还不到半个月，吴洁就扔了这个比较稳定的“金饭碗”，跳槽到一家公关公司。

但是进了公关公司，吴洁依然只能从基层做起，她被安排去处理一些繁杂的琐事：打字、复印、接待、端茶、倒水，新工作的“美丽光环”渐渐从吴洁的心中褪去了，随之而来的是像第一份工作那样的焦虑和烦躁。终于，吴洁又无法坚持上班了，不到

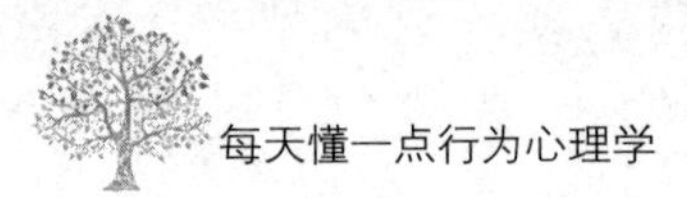

两个星期，她再次放弃了公关工作。

在辞去了第二份工作之后，吴洁对自己是否能正常工作产生了怀疑。“无论什么工作都那么枯燥乏味，都提不起我半点兴趣。”现在，吴洁一提到“上班”就充满恐惧，也没信心继续找下一份工作。

网络上有人发帖说：“上班时就想到什么时候辞职；还没做，就想打算过完试用期就辞职；一上班就想还是在家舒服，何必要死要活找工作？”这个帖子有100多条回帖，有的回复：“一上班就神经衰弱，连晚上睡觉都会梦到工作中的点滴小事，每天都如同煎熬一般，惶惶不可终日。”这样的想法不在少数。对于毕业生的“上班恐惧症”现象，有关专家分析认为，这类人往往过于重视自己的兴趣爱好，他们总是想到“我想做什么”和“我喜欢做什么”，却很少考虑“公司需要我做什么”和“这份工作本身要求我做什么”。正是这种认知上的差异，才使这些毕业生在工作中常感到无法实现自我价值，进而开始怀疑工作本身的价值，所以恐惧上班或频繁跳槽。

小舟是工科毕业的大学生，被分到工厂工作。他的专业知识比较过硬，自认为可以搞好工厂的管理，同时胜任新产品的研制开发。然而，工厂的主管根据整个大环境和形势，不让他冒险，加上很多客观原因，使小舟的理想无法实现。于是，他和工厂主管的矛盾越来越深，最后不得不离开工厂。

还有一个男生在毕业后的一年之间不断跳槽，换了十几个单位。问他为什么，他说：“我怎么看他们都觉得不顺眼，他们是错的，又不听我的。”

对于刚接触社会的一些人来说，有的时候对自己期望太高，所以在工作中达不到一定标准时，就很容易受挫，信心和自尊大受打击，对自己目前的工作就充满了担忧和疑虑。而一旦有了这样的想法就很难再融入自己所处的工作团队。

广东省精神卫生研究所的医师认为，出现“上班恐惧症”的学生，多是性格比较内向、平时与社会接触较少、心理素质存在缺陷的人。同时，他们又比较聪明，考虑问题比较周到，毕业后思想的松弛让他们胡思乱想，从而影响到了心理健康，如不及时疏导、治疗，必将对工作产生影响，有的甚至可能会错失很多好的工作机会。刚工作一年的大学生，最常见的问题是适应不良。像小舟最后变得十分偏执，这已经是一种比较严重的心理障碍了。频繁换单位的那个同学，则在思维逻辑上出现了问题。

那么，对于这样的“上班恐惧症”，我们又应该怎么办呢？

首先，如果我们在工作上真的出现了自己无法处理的问题，就应该适时地向同事、领导、朋友、家人求助。如果是心理上的问题，则要找专业的心理医生去咨询，不要试图回避，要敢于面对，因为只有真正面对问题，才能真正解决问题。

其次，要学会融入集体。从大众品位来说，内向的、孤僻的性格是不怎么受欢迎的。同时，要学会体味工作中的乐趣，感受与同事相处时的快乐，更要懂得劳逸结合，不要让自己负担太过沉重的压力。学会把工作中受到的痛苦缩小，把快乐放大，这样，每天的工作从快乐开始，让自己充满热情和活力。

最后，我们应该开始调整自己的认知和想法，意识到自己身份的转型和蜕变，要开始转换自己从学生到社会人士的生活方式和思维方式。人总是要工作的，靠自己养活自己是不变的真理，所以，与其惧怕这种改变，不如学着去适应。

其实，走出上班恐惧症的泥潭就这么简单，只要我们保持良好的心态，用快乐、自信、坚定、努力来充实自己的心灵，就能解开上班恐惧症的枷锁，快乐地工作。幸福其实很简单，有的时候只需要我们转变一下想法，不要让自己钻牛角尖就可以了。

求职时，不谈钱才伤感情

经过调查发现，大部分大学毕业生在求职时都有这样的想法，即在求职的过程中，最好不要问自己的薪酬，否则可能引起招聘者的反感，弄不好还得罪招聘者。因此，有不少应聘者在通过长时间筛选后，才发现待遇跟自己的预期相差太远，而不得不重新找工作。

正在找工作的山东大学国贸专业的应届毕业生陈某说，她在找工作的时候，面试过十几家单位，却都没有和他们谈过薪酬问题。因为她觉得现在就业压力大，而作为一个女性，想找一份体面的工作就更难了。她现在想的就是先找一份工作，之后的事情等工作后再说。她表示，虽然她自己也十分关心福利待遇问题，但是，如果一开始就谈薪酬，她怕会影响到自己的面试。

对于毕业生来说，许多人正面临着求职难的问题，而在求职问题中又有一个较为敏感的方面，那就是薪酬。许多求职者似乎都对主动提出薪资疑问而感到“羞羞答答”，认为求职的时候涉及“钱”，用人单位可能会给自己安上一顶“功利”的帽子。其实，这种羞于谈及薪酬的情况可能会产生比较负面的影响。

小宫是某大学的高才生，毕业后到一家投资公司应聘经理助理。在最后谈工资的时候，投资公司的经理问道：“小宫啊，你想拿多少工资啊？”说实话，小宫当时就有点懵了，作为一个应届毕业生，没工作经验，根本就没有可以比较的，也不太清楚经理的意思。小宫想了想，笑着说：“主任你看呢？你说给我多少啊！”主任又说：“像你们这样刚毕业的助理一般就是2000多吧！”小宫随后说道：“那大致上就2000～3000之间吧！和市场挂钩啊！您看怎么样？”

上面案例中，小宫谈及薪资时使用比较方法，不把话说死，从而给自己留下了回旋余地。

在求职面试的时候，薪酬待遇问题是一定要涉及的。而关键就在于，要怎样有技巧地谈论这个问题。因为一个人的薪酬是与其能力、作用、表现和贡献等息息相关的，在用人单位尚未了解我们的具体情况时，开价过高，可能难以被用人单位接受；开价过低，吃亏的又是自己。理想的薪酬数，应是用人单位和求职者双方都能接受的，而应试者应表现一定的灵活性。薪酬谈判不能像其他谈判那样，一味设法提高对方开出的条件，而对方就只顾压低价钱。如果把原来和谐的气氛弄成敌对的局面，这对双方实在没有好处。

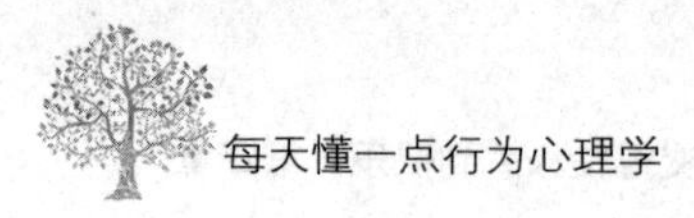

其实，每个雇主在心里对薪水的上下限度都有个数，他们经常会在某个限度内自由调整。所以，大学毕业生提出任何薪水要求之前，请务必搞清它的大致价位，以退为进提出反问，如“我愿意接受贵公司的薪酬标准，不知按规定，这个岗位的薪酬标准是多少？”这样，不但没有露出自己的底，反而可以摸清对方的底。

当薪酬福利谈妥后，最好要求用人单位写份协议合同，因为有些用人单位面试之后，很可能会忘掉曾答应的事。那么，在与用人单位谈论薪酬时，我们要掌握的技巧到底有哪些呢？

首先，切勿盲目主动提出希望得到的薪酬数目，如果已经经过几轮面试，用人单位已确定录用自己，这时就要抓住机会，委婉地说出自己期望的薪酬。报薪酬时最好是折算成年薪，因为每个用人单位在每月的固定工资之外的福利待遇是不一样的，只有年薪才能涵盖所有的收入。

其次，避免正面的回答，可以用委婉曲折的方式来回答，顾左右而言他，如巧妙地回答：“我相信公司会根据我的业绩给予合理报酬，以体现多劳多得的原则。”这样将球又踢了回去。

再次，以退为进。如果自己的要求实在不能得到满足时，可采取以退为进的方法，或许能够让对方重视起来，认真考虑自己的要求。例如，我们可以说：“薪酬并不是我考虑的主要因素，我更看重的是在贵公司的发展前景”等。

最后，对薪酬准确定位，事先了解其他同类公司职位空缺情况和大概的薪酬标准，以做到心中有数。同时别忘了，福利也是我们应得的报酬，要在此基础上提出合理的薪酬值。

自我推销，你的优秀才能被看见："老鹰效应"

众所周知，老鹰是鸟类中最强壮的种族。动物学家研究后认为，老鹰之所以成为鸟类中最强壮的种族，可能与它的喂食习惯有关。一般来说，老鹰一次会生下四五只幼鹰，但老鹰每次所猎捕回来的食物只能喂食一只幼鹰，而且老鹰喂食的方法与其他鸟类的喂食方法不同，即不是依据公平的原则，而是哪一只幼鹰抢得凶就喂哪一只幼鹰。于是，瘦弱的幼鹰因吃不到食物最终都被饿死了，抢得最凶的幼鹰存活下来了。如此代代相传，老鹰这个种族就愈来愈强壮。人们将这种"适者生存"的现象称之为"老鹰效应"。

职场也是一个"物竞天择，适者生存"的环境，在职场中，老鹰效应的应用在于发光要趁早，至少要让别人以为你行！平时就要注意做到：任何时候都应该对自己的观点保持强有力的自信，关键时刻领导才会相信你。这并不是因为你说什么就能马上让公司盈利，马上让公司上市，因为领导选择你的时候，并不取决于你是否真的合适，真的才华横溢，真的能把市场吃透，真的能做出惊天动地的大事。当然，善用老鹰效应来进行企业管理的领导也很多。逃避解决不了问题，就只能让自己学会顺应这样的生存方式。领导用老鹰效应管理员工，员工在形式上顺应领导和公司的发展，学会利用领导的心理，也能管理好我们的领导。

郑含和董菲是坐在邻座的两名员工。

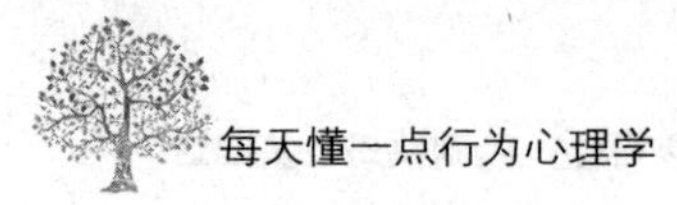

但是，两人的背景相差很大，这也一直让郑含看不起董菲。董菲只有高中学历，没有考大学不说，毕业后还到餐馆当了服务员，后来一个偶然的原因，在公司非常缺人的时候，用假学历进入了公司。

但是，在人情往来上，董菲非常具备优势，无论遇到什么人她都能巧妙应对，还能迅速解决问题。

郑含并不知道董菲用假学历进入公司的事情，但她的骨子里有一种清高，觉得不屑于和董菲争长论短。她非常看不上董菲总是喜欢在午餐时凑到主管的桌前，告诉主管自己读了一本什么书，或者刚刚学过的管理学课程。而董菲所说的那些，郑含在几年前就已经很熟悉了。董菲还特别爱在部门会议上发言，有时候甚至将郑含私下跟她讨论的那些不甚成熟的想法拿到会议上去讲。

郑含对自己的要求很高，既不会出现在茶水间的闲谈中，也不会出现在上司的午餐桌前。开会时，她几乎从不发言，因为担心自己的见解不够优秀。

不久，出现了一件让郑含大跌眼镜的事情，董菲升职了！郑含实在看不出董菲有何过人的能力。主管却非常欣赏董菲，说董菲积极向上、富有魄力、敢说敢做，具备可贵的领导才能。

职场中很多自以为优秀的人，大都像郑含那样，以为是金子总有一天会发光。却不知道在高速运转的现在，领导是没有太多的耐心去挖掘金子的。例如，公司开会时，很多人不发言，因为害怕别人觉得自己的话其实大家都想到了。事实上大多数人都在和同样的恐惧做斗争，但重要的是，只要努力在每次团队讨论中大声说出自己的想法，你就可能成为一个更好的公共场所发言者，对自己的想法也会更有自信，你所获得的个人成就和赞誉也一定更多。

职场成功是由三个要素组成的，即专业表现、个人形象、能见度。据调查，这三个要素中能见度所占比重为60%。这也就是说，个人的工作能力、工作成果与认可度并不完全成正比，从某种意义上说，职场考验的不是你是否做得好，而是亮出自己、展示出自己的才能。善用老鹰效应，趁早发光，敢于去追求和捍卫自己的权利，才能尽早收获职场上的成功果实。

我们选择的不是工作，而是生活

有一位哲人这样说：快乐的秘诀，就是时时刻刻做自己喜欢的事。什么样的工作才能让我们发挥自身的优势，创造出令人羡慕的财富呢？那就是自己喜欢的工作。如果现在做的工作使你不开心，那就要考虑这项工作是否适合自己。不妨问一下自己下面几个问题：是不是感觉一天8小时的工作时间很长，度日如年，总在看表？工作的时候不想和同事说话，看到同事工作心里就烦躁？下班以后是不是总有一种悲观的情绪？是否都感到很烦躁？如果回答都是肯定的，说明现在的工作不适合自己，不用在这份工作上耗费自己的时间和精力了。

在职场上，我们还有很多选择。找一份自己热爱并擅长的工作，就好比和自己爱的人谈恋爱，只有在爱人面前才会展现出最精彩的自我，这样的工作才会给我们的事业增添光辉，而且做自

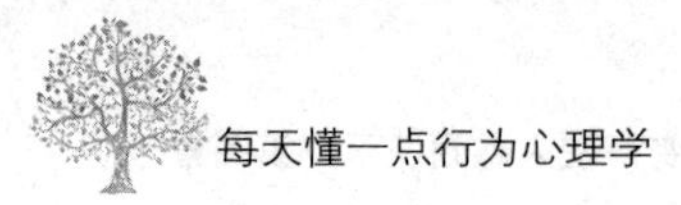

己熟悉、热爱的工作，能把自身的优势全部发挥出来，并积累更多的财富。

小余原本是一名汽车维修工，因为他当初学的是汽车维修专业，但是，他并不喜欢这份工作，所以总是懒懒散散的。后来，他接触到了电脑，没想到刚一接触时就很感兴趣，于是花900元买了台二手电脑回家，自己摸索起来。慢慢地，在别人眼里很无趣的硬件及软件，都让他觉得很有趣。后来，他越钻越精，如今已经开了一家自己的电脑维修店。由于他维修电脑的技术很好，在附近小有名气，许多网吧、小公司都找他去做电脑的维护工作，每个月都有可观的收入。

兴趣是最好的导师，做自己感兴趣的工作、想做的事业，自己才更有可能成功；做自己想成为的人，才可能享受到人生的美好。当自己不知所措的时候，请静下心来听一听内心的声音，成功必在不远处等着自己。

所谓兴趣，是指一个人力求认识某种事物或爱好某种活动的心理倾向，这种心理倾向是和一定的情感联系着的。“我喜欢做什么？我最擅长什么？”一个人如果能根据自己的兴趣去设定事业的目标，他的积极性将会得到充分发挥，即使在工作中尝尽了艰辛，也总是兴致勃勃、心情愉快；即使困难重重也绝不灰心丧气，而能想尽一切办法，百折不挠地去克服它，甚至废寝忘食、如痴如醉。

美国心理学家伊扎德用因素分析的方法，提出人类的11种基本情绪，即兴趣、惊奇、痛苦、厌恶、愉快、愤怒、恐惧、悲伤、害羞、轻蔑和自罪感。而由此产生的复合情绪中有一种是“兴趣——愉快”。罗素也提出了情绪分类的环状模型。他根据情绪的愉快度和强度将情绪组合为四个类型：“愉快—高等强度”是高兴，“愉快—中等强度”是轻松，“不愉快—中等强度”是厌烦，“不愉快—高等强度”是惊恐。罗素说过，他的人生目标就是使“我之所爱为我天职”。也就是说，他要把生活中最感兴趣的事作为其终身职业，这的确值得效仿。所以，要确定事业奋斗目标，首先要问问自己的兴趣究竟在哪里。

怎样才能选择一份和我们的兴趣对口的工作，从而发挥我们的力量呢？以下一些建议可以作为我们的职业选择参考。

愿意与人接触——喜欢同人交往，结交朋友，对销售、公共关系、采访、信息传递一类活动感兴趣。相应的职业如推销员、公关人员、记者、咨询人员、教师、导游、服务员等。

喜欢同具体事物打交道——喜欢操作具体事物，默默无闻，埋头苦干。相应的职业诸如制图、地质勘探、建筑设计、机械制造、计算机操作、会计、出纳等。

喜欢从事帮助人的工作——乐于助人，试图改善他人状况，帮助他人排忧解难。相应的职业如福利工作、慈善事业、医生、律师、保险员、护士、警察等。

喜欢干规律性工作——喜欢常规性、重复的、有规则的活动，习惯在预先安排好的程序下工作。相应的职业如图书管理员、文秘、统计、打字、公务员、邮递员、档案管理员等。

喜欢研究人的行为——对人的行为举止和心理状态感兴趣，喜欢谈论人的问题。相应的职业如社会学、心理学、人类学、组织行为学、教育学、政治学等方面的研究和调查分析。

愿做领导和组织工作——喜欢掌管一些事情，希望受人尊敬并获得声望，在活动中时常起骨干作用。相应的职业如政治家、企业家、社会活动家、行政管理、学校辅导员等。

喜欢抽象的和创造性工作——对需要想象力和创造力的工作感兴趣，喜欢独立工作，乐于解决抽象问题，具有探索精神。相应的职业如哲学研究、科技发明、经济分析、文学创作、数理研究等。

喜欢钻研科学技术——对分析的、推理的、测试的活动感兴趣，长于理论分析，喜欢独立工作并解决问题，也喜欢通过试验求证新发现。相应的职业如气象学、生物学、天文学、物理学、化学、地质学等研究和实验。

喜欢具体的工作——希望能很快看到自己的劳动成果，愿从事制作有形产品的工作。相应的职业如室内装饰、时装设计、摄影师、雕刻家、画家、美容美发、烹饪、机械维修、手工制作、证券经纪人等。

喜欢表现和变化的工作——对表演、运动、惊险、刺激的事情感兴趣，喜欢经常变动、无规律的但具挑战性的工作。相应的职业如演员、运动员、作曲家、旅行家、探险家、特技人员、海员、职业军人、警察等。

喜欢操作机械——对运用一定技术、操作各种机械去创造产品或完成任务感兴趣，喜欢使用工具，尤其是大型的马力强的先进机械。相应的职业如飞机、火车、轮船、汽车驾驶，机械装卸，建筑施工，石油、煤炭的开采等。

时间商：在不确定中保持笃定的能力

时间一去不复返，再多的金钱也买不回逝去的时间，那么如何从现在做起，掌控时间，为己所用，真正做时间的主人呢？

你是否曾拼命赶时间却仍然迟到？有时与现实对抗徒劳无功，无论目标多明确、准备多充分、动机多强烈，也不能完全控制将要发生的事。因为无论多么努力增加幸运的机会，还是会发生难以预料的事。当意外发生时，是会对无法控制的局面感到忐忑不安，还是耸耸肩接受事实。

史帝文定下了一个目标，要在25岁前为他的小家庭买栋房子。他尽其所能地节约，还是无法获得贷款。他找了两三份兼职，太累以致病倒了，他开始怪罪家人。尚未享有快乐的生活、买下一栋房子，欠缺弹性的目标就已经损害了他的生活。

有时，你正为理想努力时，却发现事情没有依照你的计划进行。你应该让目标与生活环境保持一致，当轻重缓急及可利用的资源随时间发生变化时，要随之调整目标。幸运者不固守自己的行为或观点，他们有目标，但他们也知道如何朝着幸运的方向行进。很多时候，我们以为朝着目标前进，但命运却把我们带到了其他地方。

沃伦·巴菲特是奥马哈的亿万富翁，经由一生精明的投资聚积财富。他在青年时代便计划在20岁时进入哈佛商学院。接到哈佛商学院拒绝信那天，他非常失望。但他立即开始搜寻其他商学院。最后，他发现本杰明·格雷厄姆和戴维·多德，即他所欣赏的《证券分析》一书的作者，都在哥伦比亚商学院任教。随后他寄出申请函，并获准入学。在那里，他结识了后来成为良师益友的格雷厄姆。

回忆过往，巴菲特对《财富》杂志的记者说：“也许没被哈佛商学院录取，是最幸运的事。”

当意外的打击降临时，不要不知变通，或觉得沮丧。倘使某件事未能依照计划进行，提醒自己，我们生活在一个充满惊喜的世界，说不定前方就有意想不到的好运等着你。每一次失去都是另一种获得。当机会之门在你面前关上时，千万不要失望。正如亚历山德拉·格雷厄姆·比尔所说：“当一扇门关上，会有另一扇开启。如果我们长期遗憾地注视那扇关闭的门，就看不到另一扇为我们敞开的门。所以要变换路线，继续前进。”

很多人错失好运，是因为没有耐心等待。等待并不表示放弃或懈怠，而是等候最佳时机到来，要明白有时在生命中能创造好运的事，就是酝酿梦想，先去从事其他吸引你的事情。如果努力去做，结果却不如愿，仍要满怀希望，相信幸运总会到来，只是不可强求，要坚持到底。事情未依照计划进行时，对问题采取冷处理，可以帮你减轻压力。让自己处于轻松的状态，才能做出正确的判断和明智的决定。没有任何问题重要到非立即解决不可。不要受别人影响，从各个角度考虑问题，并从容应对。学会放轻松，当事情变得棘手时，告诉自己放慢脚步。不要夸大自己的需求，改善急躁心理的关键就是和自己交谈。

当生活不如意时，保持耐心的最大动力，就是想到生命中会出现的好结果。当事与愿违时，不要放弃，要对未来怀有积极的期待。当计划执行过程曲折或花费过多时间时，必须学会忍耐。当你反复进行一件事情却没有成功时，就该停下来反思一下。不要认为自己一定要有丰富的经验，这不是做事圆满的唯一途径。寻找快捷方式也许会让你攀得更高，打破所谓的规则会让你从中受益。

没有一种工作比无所事事更累

社会是人的产物，没有人就不称其为社会；人终究是社会性的人，必须工作。在社会中，任何人的相互作用都是以社会为前提发生的。在古代欧洲，一个城市要建造一座教堂，石匠、瓦匠、木匠、雕刻家、画家、建筑家全都来了，他们拿出最好的技能献给上帝。一个教堂是这样，一个组织、一个社会乃至一个世界也是这样，个人必须拿出最好的表现奉献给生命。否则，生命便停止，社会便成了一堆死灰。

工作，绝不仅仅是使我们温饱的职业。如果我们对工作的价值放低到如此标准，那一定会对工作产生倦怠、抵触的心理。因为此时我们去工作就会产生这样的想法：“这是我不得不去做的事，否则我将食不果腹。”于是工作成为令人头痛的负担。如此认识工作的价值实在是大错特错。工作不应成为负担，而是我们成就自己的一次机遇。无论何时都请记住一句话——“是你需要工作，而不是工作需要你”。

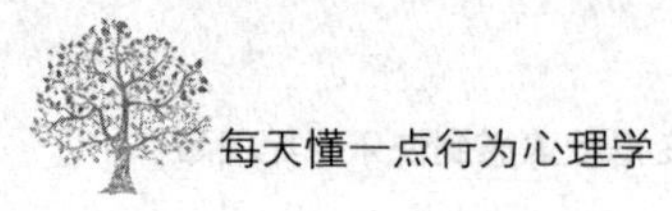

人需要工作，正如蜜蜂需要采花造蜜一样。人们赞许工作，崇尚工作，工作不仅对自身有好处，而且对他人也有好处。这个世界是对那些热忱工作者的奖赏。如果我们总是糊弄自己的工作，不认真对待它，那么我们不仅会在工作上失去很多，而且自己的生命也会因此而暗淡许多。

尼尔·卡尼曼是诺贝尔经济学奖得主，他特别迷恋美式足球，是一位铁杆球迷，他从不错过每年1月份的季后赛。原本一场60分钟的比赛，因犯规、换场、中场休息、伤停补时、教练叫停等，这样要耗费的时间远超60分钟。花这么长的时间在电视机前看比赛，尼尔感到很不值，竟至产生了罪恶感。然而，球赛又不能不看，为了在心理上找到平衡，他决定给自己找点事干。他记得自己曾经从后院捡了两大桶核桃，于是就把这些核桃搬到客厅里，一边看电视，一边敲核桃，这样或许能让自己心安理得一些。尼尔边看球边敲核桃，在这样一个看似奇特的行为过程中，他开始了思考：为什么自己长时间坐在电视机前会有罪恶感？为什么自己这么一会儿没工作心里就觉得不踏实？之后，他经过观察发现：社会赞许工作。工作不仅对个人有好处，对其他人也有好处，如果一个人饱食终日，无所事事，那么除了他自己的得失，别人也享受不到他从事生产带来的交换价值。在这样一个于人于己无利的环境之下，人潜意识里出现的焦虑感就可想而知了。

我们对工作价值的正确界定有助于我们能力的发挥，错误的判断只会带给我们色彩灰暗的人生：当工作成为负担时，我们便活在无休止的痛苦中，同时也容易产生敷衍了事的工作态度。长此以往，只怕有再卓越的才华也无从发挥。

著名的管理咨询专家蒙迪·斯泰尔在为《洛杉矶时报》所撰写的专栏中曾经说道："每个人都被赋予了工作的权利，一个人对待工作的态度决定了这个人对待生命的态度，工作是人的天职，是人类共同拥有和崇尚的一种精神。当我们把工作当成接近成功的机会时，就能从中学到更多的知识，积累更多的经验，就能从全身心投入工作的过程中找到快乐，实现人生的价值。这种工作态度或许不会有立竿见影的效果，但可以肯定的是，当'把工作当成负担'成为一种习惯时，其结果可想而知。工作上的日渐平庸虽然表面看起来只是损失了一些金钱或时间，但是对你的人生将留下无法挽回的遗憾。"

美国著名成功学大师卡耐基也曾如此警示过世人："如果你不能选择自己喜欢的工作，就要尽力喜欢眼前的工作。"这句话对于许多把工作视为人生负担的人来说无异于"当头棒喝"。想要成功，首先我们需要扭转对待工作的态度，重新认识工作的价值。

我们需要工作来展现自己的才华，用工作的业绩来证明自己的能力。因此，我们要时刻告诉自己：工作是展现自我的一次机遇，不是沉重的包袱，我需要工作。用这种良好的心态来看待自己的职业，那么，无论我们在工作中遇到什么难题，第一反应就不会是推诿，而会认为这是一个锻炼自我、磨砺能力的机会。因此，我们也会在工作乃至生活中有更加积极的人生态度和正面理念。

关于工作，你得到的可能比想象的更多

比尔·盖茨的财产净值大约是466亿美元，如果他和他太太每年用掉1亿美元，也要466年才能用完这些钱——这还没有计算这笔巨款带来的巨额利息。那他为什么还要每天工作？

斯蒂芬·斯皮尔伯格的财产净值估计为10亿美元，虽不像比尔·盖茨那么多，不过这也足以让他在余生享受优裕的生活了，但他为什么还要不停地拍片呢？

美国威亚康姆公司董事长萨默·莱德斯通在63岁时开始着手建立一个很庞大的娱乐商业帝国。63岁，这在多数人看来是尽享天年的时候，萨默却在此时让自己重新回到工作中去。而且，他总是围着威亚康姆转，工作日和休息日、个人生活与公司之间没有任何的界限，有时甚至一天工作24小时。他哪来这么大的工作热情呢？

诸如此类的例子还有很多。那些拥有了巨额财产的人，不但每天工作，而且工作相当卖力。如果你跟着他们工作，一定会因为工作时间太长而精疲力竭。那么，他们为何还要这么做，是为钱吗？还是看看萨默自己对此的看法：“实际上，钱从来不是我的动力。我的动力源自对我所做的事的热爱，我喜欢娱乐业，喜欢我的公司。我有一个愿望，要实现生活中最高的价值，尽可能地实现。”由此可见，一个人若只从他的工作中获得薪水，而其他一无所得，那么他无疑是很可怜的。因为他主动放弃了比薪水更重要的东西——在工作中充分发掘自己的潜能，把握工作中的每一次机遇，在工作中不断增长自己的才干。

在一个人的事业发展过程中，能力比金钱重要万倍。

许多成功人士的一生跌宕起伏，有攀上顶峰的兴奋，也有坠落谷底的失意，但最终都能重返事业的巅峰，俯瞰人生。原因何在？是因为有一种东西永远伴随着他们，那就是能力。他们所拥有的能力，无论是创造能力、决策能力还是敏锐的洞察力，绝非一开始就拥有，也不是一蹴而就，而是在长期工作中学习和积累得到的。

不要为薪水而工作，因为薪水只是工作的一种报偿方式，虽然是最直接的一种，但也是最短视的。一个人如果只为薪水而工作，没有更远大的目标，那么这并不是一种好的人生选择，受害最深的不是别人，而是他自己。

一个以薪水为个人奋斗目标的人无法走出平庸的生活模式，也从来不会有真正的成就感。虽然工资应该成为工作目的之一，但是从工作中能真正获得的东西不只是装在信封中的钞票。所以，对想要成就一番事业的你来说，老板支付给你的只是薪水，但你一定要赋予工作更多的价值，你要在工作中支付给自己更多的东西。对于一个员工来说，一定要善待老板，将老板当作第一顾客，同时，在工作中要努力经营自己。不管你是为老板工作，还是为自己工作，你都要想到，你得到的不仅是薪水，还有珍贵的经验、良好的训练、技能的提高、自我认识的加深等很多东西，这些东西与有限的金钱比较起来，其价值不知要高出多少倍。工作给你带来的，远比有限的薪水更多。只为薪水而工作，无疑是把自己封闭在了小圈子里，对更广阔的空间视而不见。

如果你不只为薪水而工作，而是全心全意地为工作而工作，你就会发现，你的工作能力在逐步提高，你会为自己的成长而感到高兴；同时，你的薪水也会在不知不觉间得到提升。因为，你工作努力，就会为老板创造业绩；为老板创造业绩，老板就会因为你的工作态度和工作成绩而奖励你，不管这种奖励是提升薪水还是提升职务。

卡罗·道恩斯原来是一名普通的银行职员，后来受聘于一家汽车公司。工作了6个月之后，他想试试是否有提升的机会，于是直接写信向老板杜兰特毛遂自荐。老板给他的答复是："任命你负责监督新厂机器设备的安装工作，但不保证加薪。"卡罗没有受过任何工程方面的训练，根本看不懂图纸。但是，他不愿意放弃任何机会。于是，他发挥自己的领导才能，自己花钱找到一些专业技术人员完成了安装工作，并且提前了一个星期。结果，他不仅获得了提升，薪水也增加了10倍。"我知道你看不懂图纸，"老板后来对卡罗说，"但如果你随便找一个理由推掉这项工作，我可能会让你走。"

年轻人对于薪水常常缺乏更深入的认识和理解。薪水只是工作的一种回报方式，每一份工作除了带给我们薪水，还为我们带来了很多成长的机遇。譬如，艰难的任务能锻炼我们的意志，新的工作能增长我们的才干，与同事的合作能培养我们的人格，与客户的交流能训练我们的品性。公司是我们成长中的另一所学校，工作能够丰富我们的经验，增长我们的智慧。与在工作中获得的技能与经验相比，微薄的薪水就显得不那么重要了。公司支付给你的是金钱，工作赋予你的是可以令你终身受益的能力。

一个人的人生如果分为两个阶段，那么，前一阶段就是用金钱买智慧，后一阶段是用智慧换取金钱。工欲善其事，必先利其器，我们每一个人都要趁自己年轻的时候，利用一切工作机会来完善自己、提高自己。如果一个人对自己所负责的任何工作，都能够事无巨细地尽力而为，都能做到问心无愧，并时刻想着怎样更多而不是更少地回报自己的老板，那么偏低的薪水绝不会持续很长时间，因为你很快就会得到提升。如果你做的是价值25美元的工作，却只得到5美元的报酬，那又有什么关系呢？这是你的潜在价值的最佳广告。而劣质的、半生不熟的、漫不经心的工作，即使有很高的薪水，也会迅速地毁掉你。真正能够让你获得成功的，不是你能为自己的薪水付出多么的少，而是多么的多。你应该让老板看到你的贡献与报酬之间的失衡，要让他为自己所给予你的微薄薪水感到惭愧。即使你的老板意识不到，你的表现也会引起其他雇主的注意。

能人都是被工作打磨出来的成品

工作中有许多人都在抱怨：我已经做得很好了，为什么老板还要对我那么苛刻？我的一点点小失误他都不放过，竟然在公司例会上点名批评！难道我创造的业绩还不足以弥补所犯的过失吗？如果你也有这样的想法，那么，就请看下面这个小故事，相信你的思想会有所转变。

耕柱是春秋战国时期一代宗师墨子的得意门生，不过，他老是挨墨子的责骂。有一次，墨子又责备了耕柱，耕柱觉得非常委屈，因为在许多门生之中，耕柱是大家公认最优秀的人，但又偏偏常遭到墨子指责，让他觉得很没有颜面。终于有一天，耕柱愤愤不平地问墨子："老师，难道在这么多学生当中，我竟是如此的差劲，以至于要时常遭您老人家责骂吗？"墨子听后，并没有生气，而是十分平静地反问道："假设我现在要上太行山，依你看，我应该要用良马来拉车，还是用老牛来拖车？"耕柱回答说："再笨的人也知道要用良马来拉车。"墨子又问："那么，为什么不用老牛呢？"耕柱回答说："理由非常简单，因为良马足以担负重任，值得驱遣。"墨子说："你答得一点也没有错，我之所以时常责骂你，是因为你能够担负重任，值得我一再地教导与匡正你。"

原来，老师是因为看重耕柱，才肯一再地批评指正他。相比之下，老板对我们近乎苛刻的要求与匡正，不也是因为看重吗？

若用逆向思维来思考，假设老板对你持无所谓的态度，说明你并不能让他对你委以重任，而他也不会对你严加要求，更不会"百般责难"了。

在解放军部队里，锻炼干部有一个绝招：把优秀的干部放到艰苦的地方，赋予其"急、难、险、重"的任务。如此，这些干部就有了立功和历练的机会。

与解放军相类似，企业对优秀的员工也会进行一番"折腾"，"折腾"是组织、老板考验员工忠诚度的手段。被"折腾"说明你已经被老板看中，所以也可以说，被"折腾"是一种资格，是一种幸运。从这个角度说，组织中的干部有必要接受各种历练和考验。

许多企业创业领袖都羡慕联想的柳传志，因为他有两个好接班人：杨元庆、郭为。殊不知，柳传志为培养这两个人，前后“折腾”了他们多年。在联想，杨元庆和郭为是被“折腾”的典型代表。据说，他们是一年一个新岗位，“折腾”了十几年，换了许多岗位，才成为“全才”。“折腾”，其实就是公司对你的考验。你忠于公司吗？忠于老板吗？不忠于公司和老板的人是得不到重用的。你说你忠诚，有什么能证明呢？老板怎么才能知道你是忠诚的呢？所谓患难朋友才是真正的朋友，朋友如此，企业与员工的关系更是如此。企业在危机时，可以看出谁是忠诚的，那么在“和平时期”，考验忠诚的方法是什么呢？一个办法是老板单独面对员工，亲自跟踪员工的工作绩效，这样能迅速发现一些忠诚于公司的员工，但是这个办法仅适用于小范围，不适用于一个拥有上千人的企业。另外，跟踪绩效考核也只能知道员工的专业素质怎样，而很难检验出这个人是否忠诚于公司。因此老板就人为地制造出危机来，“折腾”就是“检验忠诚”的很好的办法。

在企业中，老板承担的风险是最大的，企业完蛋了，老板可能就要跳楼，而员工损失相对较小，还可以到别的企业去打工。

老板最相信的人是他自己，他怎么可能随便相信别人呢？老板的信任是一点一点给的，他要看你的表现，你表现了多少，他就给你多少信任。如果你想“出头”，就要有被“折腾”的准备，老板会不断地“折腾”你，因为他相信忠诚是考验出来的，不是听你嘴上说的。在被公司“折腾”的过程中，你能不能扛住，能不能坚持下来？如果可以，那你就是忠诚于公司的，因为你用行动证明了这一点。

一位人力资源主管在对新员工进行培训时，说了这么一段发人深省的话："压力为什么降临到我们身上？因为上天并没有放弃我们，因为我们具有发展的潜能，因为所有成长的机会都蕴藏在压力之中。挑战与机遇总是并存的，压力与希望总会相伴而行，只要我们还有机会、还有希望，挑战和压力就会来临。压力不会降临到万念俱灰、不思进取的人身上，因为这样的人不会感到压力的存在；压力也不会为难了无生机、走向穷途末路的公司，因为对它们施压已经没有任何意义了。"由此，我们也可以看出，压力并非平白无故、毫无原则地涌来，而是作为一种考验的手段来应用。之所以有压力，是因为被看重，那么，从这个层面上讲，所谓的"施压"又何尝不是机会来临的讯号呢？能不能把握住机会，就看你能否以一颗平常心和上进心去看待"施压"了。

有效社交：你是一切的答案

人更愿意与欣赏的人结交：吸引的回报理论

不管你承认与否，我们在与某个人成为朋友之前，这个人对于你总有或多或少的吸引力。对方也许是知识渊博，或者是乐观自信，抑或是可爱、热情、聪明等。同样，他人主动与我们做朋友，也应该是因为我们身上的某个优点吸引了他们。至少我们身上有他们喜欢或令其满意的地方。毫无疑问，我们都乐意跟那些能带来报偿的人交往。从心理学的角度看，这种现象叫吸引的回报理论。因为爱是相互的，你对别人的热情、真心，会换来你对他的吸引。在友谊中，双方的长处和优势得以互换。所以，只要你善意、真诚地去对待别人、欣赏别人，定会有意想不到的收获。

在中国这个重人情的大环境下，良好的人际关系可以为我们的工作和生活带来极大的方便。为此，我们要重视人际交往，而从关系回报中提升他人与我们交往的兴趣，是织就关系网的一个有效途径。具体做法可参考以下几个方面。

1. 保持关系中的及时回报

俗话说，“种瓜得瓜，种豆得豆”。种下仁惠、真诚的热

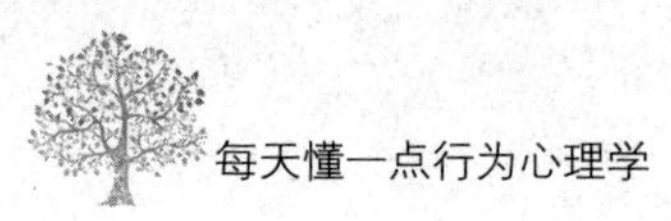

心，得到的也将是对方的真心与热情。我们要想保持良好的人际关系，首先注意到的就是及时的回报。

2. 主动提供帮助

没有哪一个人会永远顺利。如果朋友遇到困难就应及时安慰或帮助他们。当他们落入低谷时，打电话给他们。不论你的关系网中谁遇到麻烦，都应立即与他通话，并主动提供帮助。这是表现支持的最好方式。患难见真情，这时的帮助与安慰更易感动朋友，同时也体现出我们的人格魅力。

3. 表现出经常需要他

搭建关系网络时，要做得好像你的职业生涯和个人生活都离不开它似的，让关系网的另一端感觉到自己被重视，表现出对他人的尊重，这是吸引人最为有效的方式之一。

4. 形成互动

在与人交往中，要及时回馈对方，这样会增加对方的兴趣。同时，加强人际互动的频率，这有助于形成密切、融洽的氛围。在做出反应时，一定要自然，不能做作，夸张的动作反应和尖声大叫等都会弄巧成拙，甚至滑稽可笑。作为积极的反应，还应包括富于响应力的对话。

5. 诱发对方愉快的情感

依据理论家伯恩和科罗尔等人的理论，人们通过条件反射形成了对那些与回报性时间有关的人的积极感受。比如，在一周的紧张工作之后，当我们围坐在炉火前，享受着可口的食物、醇香的美酒和美妙的音乐时，我们就会觉得一切都那么温暖。因为我们喜欢那些回报我们或与我们得到的回报有关的人，意思是我们不仅乐于跟那些能带来报偿的人交往，我们还喜欢与那些能让我们心情愉悦的人交往。

在人际交往中，如果我们做到以上几个方面，相信会有越来越多的人愿意与我们成为朋友，我们也将因此在社会交往中行走自如，生活和工作变得更加美好。

为什么我们容易相信八卦：戈培尔效应

生存于一个团体之中，无论你如何做，也不可能让每一个人都满意，更何况当有利益纷争的时候。出于种种原因，对我们不利的谣言多种多样，有攻击我们能力的，也有诽谤我们的信誉和人格的。生活中的流言很多，常常令我们身陷被动的境地，古代大学者曾子的母亲也曾轻信流言，以为自己的儿子真杀了人。

孔子的弟子曾子，是一个有名的孝子，有一天，他对母亲说："我要到齐国去，望母亲在家里多保重身体，我一办完事就回来。"母亲则应："我儿出去，各方面要多加小心，不要违犯齐国的一切规章制度。"

曾子到齐国不久，有个和他同名同姓的齐国人因打架斗殴杀死了人，被官府抓住。曾子的一个同门师弟听到消息就慌忙跑去告诉曾子的母亲："出事啦，曾子在齐国杀死人了。"曾母听了这个消息，不慌不忙地说："不可能，我儿子是不会干出这种事的。"

那位师弟走后，曾母仍旧安心织布，心里没有半点疑虑。

过了一会儿，又有一位邻居跑来说："曾子闯下大祸了，他

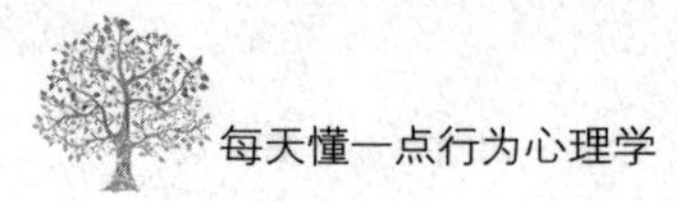

在齐国杀死人被抓起来啦。”曾母心里有点慌了，但故作镇静地说：“不要听信谣言，我儿子是不会杀人的，你放心吧。”

这个报信儿的人还没走，门外又来了一个人，还没进门就嚷道：“曾子杀人了，你老人家快躲一躲吧！”

曾母沉不住气了。她想：三个人都这么说，恐怕城里的人都嚷嚷开这件事啦，要是人家都嚷嚷，那么，曾子一定是真的杀人了。她越想越怕，耳朵里好像已听到街上有人在说：“官府来抓杀人犯的母亲啦。”她急忙扔下手中的梭子，在两位邻居的帮助下从后院逃跑了。

人们常说，“谎言说了一千遍就成了真理”。的确是这样，曾子的母亲开始还坚信自己的儿子不会杀人，但是，当三个人都这样说之后，她也将信将疑，甚至最后吓得逃跑了，这是因为心理积累暗示发生了作用。

心理学上有一个与心理积累暗示相关的名词，叫“戈培尔效应”。戈培尔是纳粹的铁杆党徒，1933年希特勒上台后，他被任命为国民教育部部长和宣传部部长。戈培尔和他的宣传部牢牢掌控着舆论工具，颠倒黑白、混淆是非，给谎言穿上了真理的外衣，愚弄德国人民，贯彻纳粹思想。他还做了一个颇富哲理的总结：“重复是一种力量，谎言重复一百次就会成为真理”，这就是“戈培尔效应”。

无论是流言，还是谎言，重复得多了就会使人相信，这都是心理积累暗示导致的。心理积累暗示有移山倒海的功效，可以改变人的信念，但又具有两面性，关键在于如何运用。

世上没有完全不受暗示影响的人，只是程度的深浅不一。造谣的动机各种各样，但无论是出于嫉妒还是别的阴谋，我们越不顺心的时候就越要保持冷静，绝不能被谣言打倒。谣言并不可怕，冷静思考是我们对待谣言的最好处理办法。对于身陷谣言旋涡中的人来说，最需要的是冷静的头脑，而非沮丧的心情和失望的愤怒。我们要成为一个不易受心理暗示影响的理智的人，因为“流言止于智者”。

共情是快速拉近心理距离的社交利器

当我们听到别人哼一首歌的时候，我们会下意识地也哼起来；当别人咳嗽的时候，我们也会觉得自己的喉咙有点痒；当别人哈欠连连的时候，我们也会控制不住地打哈欠……这样的现象，我们将之称为“共情能力”。共情（Empathy）能力，或译作移情能力，指的是一种能设身处地体验他人处境，从而达到感受和理解他人情感的能力。

共情能力更像是一种本能反应，不用经过深思熟虑就能产生。但是，它和同情的含义还是有一定差别的。同情是对别人的悲惨处境感到不舒服，而共情能力则是换位思考，只是很单纯的一种思维方式的投射。

共情能力让我们体验到别人的感受，所以它也会有一些模仿的成分，德龙大学认知神经系统科学家史蒂文·普拉特科研究发现，共情能力可以使我们成为对方的感知对象——能知道或察觉他人的情绪，虽然不能提供帮助，但是能模仿同样的行为，了解对方的想法，安慰就是其中一项。

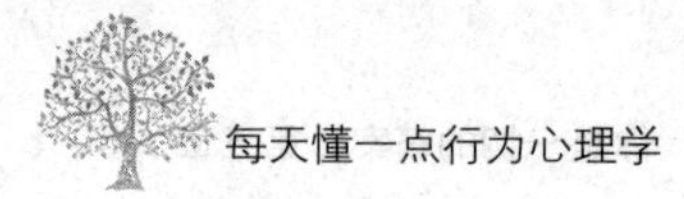

自小一帆风顺的俞碰到了人生悲剧：已经要谈婚论嫁的女友突患急病，没几天就离开了人世。他简直没有办法去面对这一切，但他又很好强，不想影响工作。终于，他在老朋友雷面前哭了，搞得不善于安慰人的雷倒手足无措了。

雷的另一个朋友杰，因为和女友吵架，也找他出来喝酒，愤愤不平："你说为什么，我对她这么好，她还不满意吗？啊！她到底要我怎么样！"雷喝了两杯，继续骂道："现在的女人啊，都是那个样子，你女朋友也不是什么好人，你至于吗？"不说还好，杰听着这话大吼一声："她再怎么不是也是我的女朋友，什么时候轮到你这么说三道四的了！"最后，雷安慰不成，反而换来了杰的怨恨。

其实安慰别人也是共情能力的一种功用。能够很好地安慰他人，就是共情能力使用得当，如果安慰没有技巧，不仅没帮助对方消忧解愁，甚至还火上添油，这明显就是自己无法体会到对方的真实心态，只能隔靴搔痒地安慰，而无法帮助对方解决问题。

如果说有些人能够很好地发挥共情的作用，而有些人却有所限制，那么，共情能力会因人而异吗？这种观点虽然无法被明确证实，但相关的研究表明，总体来说女性更善于读懂面部表情和察觉谎言。心理学家大卫·麦尔斯统计研究结果显示：有些女孩甚至在3岁的时候，就可以猜出别人的想法，也更擅长从别人的面部表情中揣测对方的情绪。心理学家大卫总结道：女性更多愁善感，因而也更能与别人同喜同悲。至少，在共情能力上的性别差异在行为上有所表现。女性更喜欢哭泣，并且会为别人的不幸感到哀伤。这就是为什么男性和女性都愿意同女性建立更加亲密、更加轻松的友谊。当想要寻求别人的理解和安慰时，不论男性还是女性都更愿意去找女性朋友倾诉。

但是，共情能力的产生也需要一定的条件："你必须确认自己是在和人而不是物体打交道，才能产生共情作用，别人的感受才能影响你。"有心理学家认为，共情能力"包含了不确定性（一个人只能抽象地感知另一个人的精神世界），关注更大的环境（比如，思考另一个人看待别人的方式），联想（从一个人的声音、面部表情、行动和经历，可以判断其精神状态），无法预料（昨天让其感到快乐的事情明天可能就不奏效了）。"

共情能力既不能背离智力，也不能独立存在。有时我们或许需要一些更加独立的思考，有时候我们可能又需要综合层面的各种协调。这就要求我们学会寻求平衡，让自己在生活、工作中更有依凭的资本，以此来促使自己进步，并走向成功。

为何你害怕成为人群的焦点：社交恐惧症

一项调查显示，社交恐惧症已经成为当今社会排名第三的心理疾病，仅次于抑郁症和焦虑症。社交恐惧症患者近五年就增加了4倍，其中仅80后、90后的年轻患者就占了一半。社交恐惧症也被称作"社交焦虑障碍"，患者害怕与人交往或当众说话，担心在别人面前出丑或者处于尴尬的境况，尽力回避社交。恐惧的对象可以是某个人或某些人，甚至包括特别熟悉的亲友之外的所有人。

继春哥、曾哥、寂寞哥风靡网络后，“话费哥”也在国内大小论坛上离奇走红，他走红是因为一篇“哥交的不是话费，是寂寞”的帖子。他在帖子里说道：“二十好几的人了，至今还没交过女朋友，真是杯具啊。没办法，哥只能在网上YY了，在网上找了几个老婆，没事儿的时候，就给她们打打电话。现在朋友跟我说，有顺口溜特别适合我：村村都有丈母娘。哥只能苦笑，这每天长途电话打下来，都要破产了。唉，为了不跟我的那些老婆大人们断了联系，今天又得去移动交电话费了。看来，哥交的不是话费，是寂寞啊。”同时，网友“if520pp”在论坛里跟帖道：“可以看出一点，你为什么只配有寂寞了，因为你就会在网上YY，到现实中就YY不来了，自卑会把你的口才、信心磨得一干二净。”

之后也有人问“话费哥”为什么不在现实中找一个女朋友时，他表示，自己平时非常腼腆，看到女生就会立刻脸红，但自己的声音非常好听，所以，很多女网友都愿意跟他通电话，他自己觉得只有在电话里才能找到自信。

大多数人在众人面前发言、面对老师或领导时都会有些紧张，这是一种正常的现象。但是，如果只因为自己的害羞、紧张而沉迷在自己的世界里不可自拔，得意于精神世界，而在现实之中惶惶不安，那么，这已然是一种病态了。社交恐惧症作为一种因为心理紧张造成的心因性疾病，如果积极进行治疗，是可以治愈的。

那么，我们如何在与别人的交往中消除恐惧呢？

首先，要学会平衡心理，然后主动出击。对社交产生恐惧心理，根源在于害怕交往中出现棘手、无法应付的情况，让自己难堪、出丑。当一个人对外界的判断不确定时，就会出现恐惧心理。在这种时候，与其害怕，不如主动面对，迈出脚步主动寻求外界的刺激，以提高我们的心理素质。

其次，改变“害羞内向”的性格，多参加一些集体活动，尝试和陌生人交往，由此逐渐去掉羞怯、恐惧感，使自己成为开朗、乐观、豁达的人。最重要的一条就是，暂时转移引起社交恐惧症的外界刺激。外界刺激在一段时间内消失，其条件反射在头脑中的痕迹就会逐渐淡化，有时还可消除。

最后，我们要对自己有正确的认识，懂得过于自闭和盲目自卑都没有必要，事事处处得体、求全责备也是没有必要的。我们可以这样暗示自己：我只不过是集体中的一分子，谁也不会专门盯住我、注意我一个人的。我们要尽量摆脱那种过多考虑别人评价的思维方式。

互动越多越亲密：邻里效应

在现实生活中，大部分人的朋友，不是同学同事关系，就是住所离得比较近的邻居。心理学家认为，熟悉能增加人际吸引的程度。如果其他条件大致相当，人们更喜欢与自己邻近的人交往。我们甚至总是能够比较方便地在同学同事或邻居中找到意中人。

物理空间距离较近的人，见面机会较多，容易熟悉、产生吸引力，彼此的心理空间就容易接近。常常见面也便于彼此了解，促进相互喜欢，我们经常说“远亲不如近邻”，是因为我们和邻居接触多，而与相隔较远的亲戚接触少。接触得多的人，我们会有一种亲密感；而接触得少的人，我们会感觉到生疏。

生活中，我们常看到一些“近水楼台先得月”的事情。比如，某个女孩和男朋友不在一个城市。公司的某个男同事特别关照女孩，女孩开始只是出于礼貌与男同事保持正常的交往。女孩有了什么难事，男同事总是给予帮助，渐渐地，随着交往的密切，两个人之间产生了感情。于是，女孩与千里之外的男友分了手，选择了这个男同事。这个现象，在心理学上被叫作“邻里效应”。

心理学家曾做过一个关于“邻里效应”的实验。20世纪50年代，美国社会心理学家对麻省理工学院17栋已婚学生的住宅楼进行了调查。住宅楼是二层楼房，每层有5个单元住房。住户住到哪一个单元，纯属偶然，哪个单元的老住户搬走了，新住户就搬进去，因此具有随机性。调查时，所有住户的主人都被问道：在这个居住区中，和你经常打交道的最亲近的邻居是谁？统计结果表明，居住距离越近的人，交往次数越多，关系越亲密。在同一层楼中，和隔壁的邻居交往的概率是41%，和隔一户的邻居交往的概率是22%，和隔三户的邻居交往的概率只有10%。多隔几户，实际距离增加不了多少，但是亲密程度有很大不同。人们之间交往得越多，他们的关系就越亲密。因此，我们要想与人建立亲密关系，就需要主动与人多接触，多联系。每与人多接触一次，他人对你的印象就更深一点。

现在很多年轻人最困难的是不知道如何主动跟人联系，如何主动与人保持联系。也有很多年轻人委屈地说：“我很好相处，只是不好意思找你！”的确，这种不好意思就是我们与别人沟通的“心理障碍”，我们要想办法把它克服。

米小娅在优越的家庭环境中长大，爸爸是一家企业的领导，妈妈是机关干部。因为父母的关系，身边的人对米小娅都是客客气气的。从小学到大学，她都是在别人的赞扬声中度过的，不懂得什么是“迎合”，向来是别人逗她说话，她却不知道如何寻找交谈话题。

大学毕业后，米小娅很顺利地进入一家大公司，她凭借出色的英语水平获得了总经理秘书的职位。在别人看来，她工作最接近高层，最容易得到老板的欢心，也最容易高升。可是进入公司不久，米小娅就开始犯了难：不知道如何与老板沟通，一些很正常的话，在她看来那都是在讨好老板，无论如何就是说不出口。一开始老板还对她问长问短，而她只是有问必答，绝不多说什么。渐渐地，她发现老板不太和她闲聊了，即使说话，也局限在工作范围内。工作刚开始，她和老板的关系就陷入了僵局。米小娅不知道怎么办才好?

可以断定，米小娅存在与人沟通的心理障碍。要想改变这种状况，她就要利用生活中的邻里效应，多与他人沟通、交往，以增加自己和他人的亲密程度。这里就如何主动与他人交往给出几点建议，以供参考。

1. 打招呼是一种好习惯

想得到，先给予。每个人都渴望结交朋友，却吝于“先给予、先付出、先主动”。在工作和生活中，我们要主动地跟人打

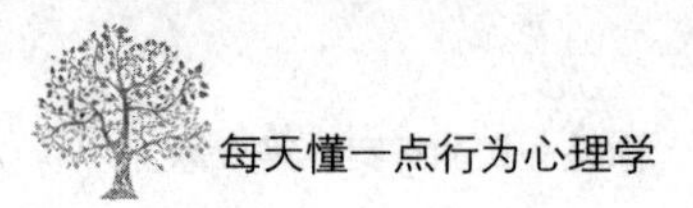

招呼，主动地与人建立联系，少一点心理设防，有事没事跟朋友聚聚。

有一家保险公司曾对20岁至49岁的人进行“人生课题”的意识调查，结果发现，不同年龄层的人都认为“结交朋友”是人生最重要的课题。可有趣的是，人都有“惰性、怯性”：宁愿一个人待着，也不去主动结交朋友、与朋友们联系。

2. 主动联络朋友

无论是对邻居，还是对朋友、客户，平时都要加强联系。建立“关系”最基本的原则就是：不要与别人失去联络，不要等到有麻烦时才想到别人。经常不联系，“关系”就会变得生疏。所以主动联系朋友十分重要。在工作之余，有事没事都可以打个电话，哪怕是随便聊聊；有空的时候发一个E-mail，节假日的时候发一则问候的短信，或者通过QQ聊上几句都是简单有效的方法。

3. 及时回应朋友

打招呼是对等的，有人跟自己打招呼，及时回声招呼才是基本礼仪。面对讨厌的人时，一般人都会不由自主地想回避，这种做法是错的。愈是懂得讨厌的人，愈要懂得控制自己的情感，积极地去接近对方。礼貌这种东西就像交通规则一样，别人不遵守并不代表自己也可以不遵守，就算没有人要遵守，自己也非得坚持到底不可。

4. 少一点设防心理

在生活中，我们都会有一些设防心理。人在交往中有意或无意地采取措施进行设防，这反映的就是设防心理。在两个人独处的时候，我们不时地会有些防范心理；在人多的时候，你会感到没有自己的空间，不时检查自己的物品是否安在；你的日记总是锁得很紧，这是怕别人夺走你的秘密。为了这些，你要设防。这种心理是很正常的。但是，如果过于提防别人，则会对你的人际关系起到负面作用，阻止你与他人的正常交流。

古人说，“过犹不及”。的确是这样。心理学的研究发现，人们的交往频率与喜欢程度的关系呈倒U形曲线。也就是说，交往过于频繁或稀疏，关系过于亲密或淡漠，都不利于人际关系的保持。因此，我们与朋友之间要保持中等交往频率时，彼此喜欢程度才最高。

若想受欢迎，请背后说人好话：波什定律

波什定律指的是人们出于对他人肯定的强烈渴望，故而对方一旦有所成就，就要毫不保留地称赞对方的现象，据此，人们一旦知道了什么地方做得很好，就会去努力把这一地方做得更好。在众多的称赞方式中，背后赞美和猜测性赞美更能调动人们的积极性。

1. 背后赞美

世上背后道人闲话的人不少，被说之人一旦知道便会火冒三丈，轻则与闲话者绝交，重则找闲话者当面算账。因此，我们要引以为戒，不要犯背后说他人闲话的忌讳。但是，背后说人优点则是有佳效的。

背后说别人的好话，效果远比当面恭维别人要好。不用担心，我们在背后说他人的好话，是很容易传到对方耳朵里去的。如果我们当面说人好话，对方会以为我们是在奉承他，讨好他。

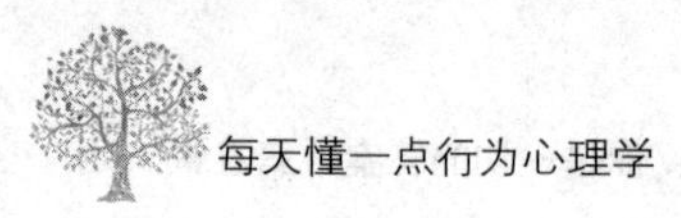

当在背后说人好话时，对方会认为我们是出于真诚的，是真心说他的好话，对方才会领情，并感激我们。也就是说，背后赞美他人往往比当面赞美更让人觉得可信。因为你对着一个不相干的人赞美他人，一传十，十传百，你的赞美迟早会传到被赞美者的耳朵里。这样，你赞美的目的也就达到了。

在日常生活中，如果我们想赞扬一个人，不便当面说出或没有机会向他说出时，可以在他的朋友或同事面前适时地赞扬一番。

据国外心理学家调查，背后赞美的作用绝不比当面赞扬差。直接赞美的度不足，会使对方感到不满足、不过瘾，甚至不服气，过了头又会变成恭维，而用背后赞美的方法则可以缓和这些矛盾。因此，有时当面赞扬不如通过第三者间接赞扬的效果好。

当你面对媒体时，适当地赞美你的同行，是一种风度，也是一种艺术。

多在第三者面前去赞美一个人，可以使你的人际关系变融洽。假如有一位陌生人对你说："某某朋友经常对我说，你是位很了不起的人！"相信你会感动。如果我们想让对方感到愉悦，就更应该采取这种在背后说人好话、赞扬别人的策略。因为这种赞美比一个魁梧的男人当面对你说"先生，我是你的崇拜者"更让人舒坦，更容易让人相信它的真实性。

2. 推测性赞美

借用推测法来赞美他人，虽然这种方式有一定的主观意愿性，未必是事实，但是能从善意的想象中推测出他人的美好东西，能给人以美好的感受。

推测性赞美有两种，一种是祝愿式的推测，一种是预言式的推测。

祝愿式推测，主要强调一种美好的意愿，用一种友好的态度去推测对方，带有祝愿的特点。这种推测也未必很可行，但可以感受到推测者的诚挚和善意。

预言式推测，带有一些必然性、预见性，可以针对工作、生活中可能会取得的成绩进行预测。

当然，推测结果并不明确，而具有多种可能性，但前提是被赞美者本身有实力，有可能获得好结果。

预言式推测较适用于同事与同事之间，或亲子之间，总之，是对身边较熟悉的人所采用的方式。这种推测能起到一定的激励作用。

每个人，都可能是某个人的熟人：熟人链效应

SNS（全称“Social Networking Services”，即社会性网络服务）社交网站，它为不同身份的人提供一个互动交流的平台，通过发日志、存相册、音乐视频等站内外资源分享等功能，加强用户之间的交流，是一个功能丰富、高效的用户交流互动平台。SNS网站起源于“六度分割定律”，意思是说世界上任何两人之间最多通过6个人就能联系起来。这看起来非常奇怪，但已经得到科学研究的证实。

据英国《卫报》报道，微软的研究人员通过检查1.8亿人之间的300亿个电子信息后宣布，我们都是被一个“熟人链”联系在一起的，只需6个人介绍，我们就可以与地球上任何一个人联系

起来。微软的研究人员说，实际上应该是“6.6度分离”，就是平均通过6.6个人就能把世界上任何两个人联系起来，换言之，我们最多只需7人相互介绍就能跟麦当娜或英国女王扯上关系。

我们的社会就像一张大网，只要行走其中，或多或少都能将自己脚下的震动波及别人，或者也能感受到别人的波动。SNS正是通过这种“熟人的熟人”来进行网络社交拓展，这也就是心理学上的“熟人链效应”。由此可知，这个世界其实没有我们想象的那么大，因为熟人和有关系的人会不经意地冒出来，和我们建立关系，因而建立广大的熟人圈子也没有我们想象的那么难。凡是能成大事的人，都是善于利用人际关系的人，都善于把“关系”变成办事的资本，他们凭借自己的本领最大限度地打通各个环节，以便为自己办事制造人际关系。因此，要想成就大事，就要随时注意编织自己的人际关系网。

我们做任何事，都应该讲究策略，在选择人脉、搭建人脉、拓展人脉的时候也是如此。那么，我们应该怎样来搭建自己的人脉金字塔呢？

1. 目标策略

建立“关系”最起码的做法就是：不要与人失去联络，不要等到有事情时才想到别人。预定可以变通的目标，试着每天打1～10个电话，不但要搭建自己的“人面”，还要维系旧情谊。如果一天打5个电话，一个星期就有35个，一个月下来，更可以到达100多个。平均一下，我们的人际网络中每个月大概都可能增加十几个“得力人士”。

对于目标战略的实施，每一个目标都不要放过。但是，如果联系对象是个大忙人，我们就不应在上班时间打给他们，因为这些人通常不是在开会、做报告就是出差了。同时，要善于利用空档，“拉关系”的高手认为傍晚六七点是这些忙人的“黄金时段”。秘书、助理等大概都走了，只剩下一些工作狂还舍不得走，希望自己的“埋头苦干”能给老板留下美好的印象。此时是联络这些“贵人”的最佳时机。

2. 选择策略

街上、饭店、餐厅、机场、公共汽车站、酒吧、舞会、朋友聚会，处处都潜藏着人脉。不妨与人谈上一两个小时，一定可以学到一点东西。出差、郊游也是搭建人脉的好机会。搭建人脉一定要有所选择。结人际关系，交的是真情挚友，而不是狐朋狗友，要想结交关键时刻能助自己一臂之力的朋友，平时就得多给予和付出，多关心别人。长期积累下去，才能真正赢得别人的尊重和认同，才能在危难时得到人际关系的支持，这是搭建人际关系的要领所在。

3. 记录策略

像写日记一样，数十年如一日，这可能不容易做到，然而如果有恒心、有耐力，一定会获得惊人的效果。如果我们很认真地在搭建自己的“关系”，认识的人一定不少。要追踪成果、找出真正的“贵人”，不妨记录每一次联系的情形。在记忆犹新的时候就要趁热打铁，如果等到日后再来补记，效果就大打折扣了。我们可以记录的要点包括：姓名、地址、联系方式、我们的看法以及日后查找的方法，不必写得像一篇散文。

4. 循序策略

生活中有这样的人：刚刚认识别人，就迫不及待地大谈自己的伟大蓝图方向，积极寻找合作机会，结果弄得别人既没兴趣又尴尬。这类人太急于求成了，他忘了一条原则：初识不宜言利。初次相识，尽量谈一些双方都感兴趣的轻松话题，少谈关系到自身利益的话题。关系熟络以后，话题可以再进一步。要搭建真正的关系，不能像“攻城略地”或“全垒打”一般。可持续发展的人脉，应该是长久而稳定的。正如一位著名人士所说的：“我从不相信那些在三分钟就跟我称兄道弟的‘朋友’。如果要聘用一个人来做重要的事，我一定要找信得过的人。”

怎样成为人群中的发光体：NASCR法则

每一个人都需要朋友，每一个人都有一种强烈的归属需要，那就要与他人建立持续而亲密的关系。当我们有归属感时，得到一种亲密关系的支持时，我们会更加健康和快乐。反之，就会情绪低落，引起自卑感和失败感。

但是，人与人之间的关系是世上最复杂的东西，而中国人之间的关系更加微妙。你可能很可爱、很能干，但你未必有足够的吸引力——吸引他人来接近你。

为了得到快乐感和归属感，我们希望、喜欢别人来接近自己、亲近自己。而这些，都可以通过自身的做法来影响他人。

如果了解人际吸引力的NASCR法则，并具备了这些吸引力，你就能轻松赢得他人的喜欢和接近。

1. 接近性吸引力（N=near）

接近性从某种程度上决定着两个人能否成为朋友进而保持良

好的友谊关系。当然，接近也可能诱发敌意，但更容易产生喜欢和吸引。社会学家已经证实，大多数人的婚姻对象是那些和他们居住在相同小区或在同一个公司工作或曾是同学关系的人。

2.外表吸引力（A＝appearance）

良好的外表形象更能给人好感。比如，与一个长相一般的女孩相比较而言，一个漂亮的女子更容易吸引男人们的注意力，更容易让人接近。外表对人们的判断、行为产生着极大的影响，甚至给人留下难忘的印象，这就是心理学上所说的“美女效应”。

外表吸引力将会影响他人的态度：是认可还是拒绝，是亲近还是疏远，对你自身的吸引力更有着巨大的影响作用。需要提醒的是，即使长相平常，也可以通过整洁、大方、得体的着装来修饰装点自己。

3.相似性吸引力（S＝similarity）

有一个词语叫“志同道合”，说明兴趣相同的两个人容易产生吸引力。心理学家指出，这其实就是人的一种相似相惜心理。根据这种心理，两个人如果能找到共同点，相互投其所好，双方就很容易产生吸引力，从而建立良好的交往关系。

你一定有过这样的经历：当你向他人表达共同的观念、立场或者发现相同的兴趣、爱好或有相似的经历时，两人的思想就很容易产生共鸣，碰撞出激烈的火花。

4.互补性吸引力（C＝complementarity）

心理学家认为，两人相处，对双方都有助益（互补），或彼此都有友好的意愿（相悦），或彼此发现有类似的态度（相似）时，两人的交互关系就有继续维持的可能。也就是说，当双方的个性或需要及满足需要的途径正好成为互补关系时，就会产生

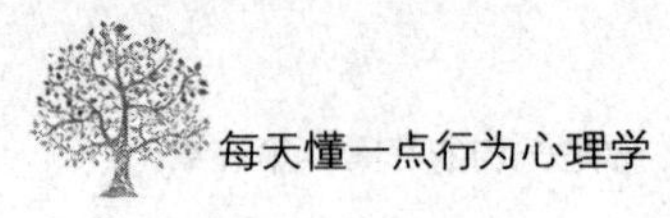

强烈的吸引力。

生活中我们经常可以看到这样的现象：脾气暴躁的人和温和而有耐心的人能友好相处；活泼健谈的人和沉默寡言的人能成为要好的朋友。

5. 关系回报吸引力（R=return）

在人际交往中，一切关系的形成都被回报吸引力制约着：你期待什么样的朋友，你身边的朋友就是什么样；你希望朋友怎么接近你，他就能怎样接近你。所有的一切，全都由你的态度决定。因为感觉是相互的，你怎样对待别人，别人就会怎样对待你。

人们总是自觉地在将来某个时刻回报曾经接受过的恩惠、礼物和邀请等。也就是说，人们往往愿意和那些喜欢他们的人打交道，并且努力在交往中回馈同等的喜欢。这就是关系回报吸引力的巨大作用。

心理学家的实验证明，即使在虚拟世界，被一个永远不可能见面的人拒绝交往，我们都会产生挫折感。因此，我们要想在人际交往中掌握主动权，就要学会使用人际吸引力的NASCR法则，让其更好地为我所用，从而搭建良好的人际关系网。

影响消费行为的心理学策略

※…… 免费的东西让你花的更多

每当节假日时，我们都能看到商场附近提着大包小包、满载而归的人们。如果问起这些物品的实用价值，人们通常会说："反正很便宜，先买了再说""看到别人都买了，我也就买了"……事实上，人们所购买的这些物品有些并不是自己需要的东西。那么，人们为什么常常购买自己不需要的物品呢？

走进商场，看到各商家推出的营销广告，我们就明白了。"在该商场购买商品满98元，免费赠送食用油一瓶。""买高清DVD机免费赠送影碟""买200减50，买300减80""购买巧克力，赠送泰迪熊"……

当我们看到这样的消息时，心中不禁会暗自欢喜，有免费的东西送，如此的好事我为何不参与。有的人甚至为了得到免费赠送的东西而购买指定的商品，不惜花时间排长队，疯狂抢购，然而到最后却发现这些东西，其实自己并不需要。为什么会有这样的不理智的行为呢？

科学家做过一个调查实验，调查300名低收入者与300名高收入者从超市所采购的商品，发现低收入者并非只挑选便宜的商品，他们也会选择很多高质高价的实用性商品；而高收入者所采购的商品中也并不像想象中的那样高端，虽然多了不少高档商品，但其中也包括很多打折商品与实验人员预先摆放的购买就赠送的商品。

这个实验让我们了解到，大家都喜欢免费的东西，这不仅是爱贪图小便宜的人的本质。贪图便宜是人们常见的一种心理倾向，我们在日常生活中经常会遇到这样的现象，特别是在购买商品时，很多顾客对打折的商品、免费的商品可谓是趋之若鹜。

周末，辛磊的妻子要求辛磊陪自己逛商场，他们夫妻前往自己家附近的一个大型商场，刚走到商场门口，就看到一幅幅打出一系列优惠活动的色彩鲜艳的海报，妻子兴奋地说：“说不定有我们需要的东西。”

夫妻俩逛到家电专柜，看到有一项优惠活动是“买最新款超强纠错DVD影碟机，免费赠送十盘经典珍藏版影碟”。由于辛磊是个电影爱好者，因此家里收藏了各种各样的影碟，而妻子在他的影响下，也很喜欢看电影。

看到免费的商品，辛磊的妻子很高兴，尤其在工作人员说这些影碟是经典珍藏版的后就更开心了。一想到马上就可以回家看精彩的电影了，夫妻二人决定买下影碟机。

当把DVD和免费的影碟都搬回家时，才突然醒悟过来。其实自己并不需要影碟机，家里的这个也刚买没几年。为了得到免费的影碟反而多买了一台DVD影碟机，况且赠送的影碟大都是市面上常见的影片，与他们收藏的重复了很多，真是亏大了。

看来，免费对人们有着超乎想象的吸引力，以至于人们会产生一种非理性的冲动，见到免费的东西，不管需要不需要，就不顾一切地向前冲。

免费会给我们造成一种强烈的情绪冲动，从而很难认清免费物品的真实价值，只是觉得免费的机会难得，管它有用没用，反正获得了对自己没有什么坏处，否则对自己来说可能是一种损失。

消费者会因为用比正常价格便宜很多的价钱购买到同样的产品，或额外得到免费的商品而感到开心和愉快。但是，很多时候，人们只看到了其中有利的一面，却忽略了不利的一面。

物美价廉永远是大多数消费者追求的目标，很少听见有人说“我就是喜欢花多倍的钱买同样的东西”，通常情况下，人们总是希望花最少的钱买最好、最多的东西。如果有免费赠送的，更觉得是额外的收获，喜不自胜。这都是人们占便宜心理的一种生动的表现。

其实在日常生活中，我们也经常会做这样的事情，为了一张优惠券，而到某商场去消费，结果换回一包免费的咖啡豆；为了获得免费赠送的小礼品，而尽力地在该商场消费千元以上。然而，最后我们却发现自己并不喜欢吃咖啡豆，小礼品也不是自己十分需要的。这样，我们就不难解释，为什么人们总是会不由自主地抢购自己并不需要的东西。人心早已被免费的魔咒迷住，并没有太仔细地想它有没有用，值不值得买。

有一些娱乐场也采取一种免费策略，就是一对情侣光顾，其中女性可以免门票或相关费用，这样就吸引了女性顾客，而基本上这些女顾客都会带来消费能力强的男性顾客；游乐园对儿童免

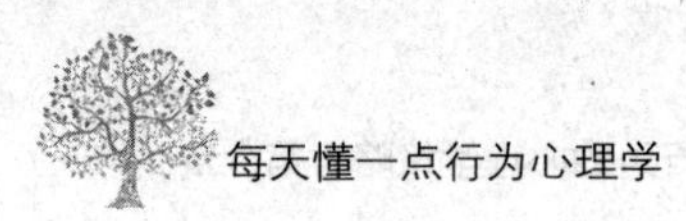

门票，吸引来的自然是带着儿童的父母。这种免费带出间接收费的策略关键是要设计出一套恰当的模式——既要能吸引免费的顾客带动人气，同时也要能以此为突破口，吸引更多顾客消费或免费顾客进行其他消费。

免费的商品对人们而言，似乎没有什么损害和风险，事实上商品的价格都是用数字表示的，免费就等于零，而零在这里可能就不单单是一个价格了，它代表不需要任何付出和损失，这种免费能够引起人们强烈的情绪冲动，使我们失去理智，甚至轻易地落进别人的圈套。

“免费”是一个多么具有诱惑力，又让人激动的词汇，它让人们失去理智，冲动地消费。当我们在面对商家们种种所谓的优惠时，一定要擦亮眼睛，在心中斟酌一番，理性面对。

所谓品位，就是价格与成本之间的距离

为什么有时候商品标价越高，购买的人越多？

“成本一二十元的东西，进口后却要卖个三四百，这就是目前进口红酒的经济学。”在法国经商多年的陈元这样说。有人透露，一瓶折合20元的洋红酒，各种费用加起来，到岸成本也才30元左右，之后的仓储和本地运输、人工费用合计也才2元人民币，售前成本大约32元。但是，到了经销商那里，则以80～100元的价格卖出去，经销商有50%的毛利。而到了超市或商场之后，就会再加价10%～15%，到消费者手中就成100元左右了。而一旦

进入西餐厅，则按经销商供货价的2～2.5倍卖给消费者。进入酒店的红酒，身价更陡增3～4倍，售价可达300元左右。

由于消费者对葡萄酒定价缺少概念，一些商贩基本上都是随口定价，而且都往高了定，然而奇怪的是，葡萄酒竟越贵越好卖。

我们购物时，看到同一类产品，一般会选择相对昂贵的，因为从内心来讲，我们比较认可昂贵事物的质量和价值：多数情况下，我们会认为贵的就是好的。所以，同样的东西，反而是越贵越好卖。其实，按理来说，便宜的东西不是更让人有物美价廉的满足感和成就感吗？为什么许多人又要反其道而行之呢？这让人百思不得其解。这一现象曾引起了美国著名经济学家凡勃伦的注意，他在其著作《有闲阶级论》中探讨了这个问题。因此这一现象——价格越高越好卖——被称为“凡勃伦效应”。

凡勃伦效应表明，商品价格定得越高，就越能受到消费者的青睐。这是一种很正常的经济现象，因为随着社会经济的发展，人们的消费会随着收入的增加，逐步由追求数量和质量过渡到追求所谓的品位和格调。凡勃伦把商品分为两类：非炫耀性商品和炫耀性商品。非炫耀性商品仅仅发挥了其物质效用，满足了人们的物质需求。而炫耀性商品不仅具有物质效用，而且能给消费者带来虚荣效用，使消费者通过拥有该商品而获得受人尊敬、让人羡慕的满足感。鉴于此，许多人都会毫不犹豫地购买那些能够引起别人尊敬和羡慕的昂贵商品。许多经营者瞄准了这个消费心态，不遗余力地推动高档消费品和奢侈品市场的发展，以使自己从中牟利。比如，商家凭借媒体的宣传，将自己的形象转化为商

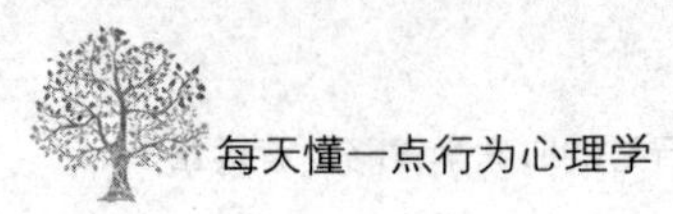

品或服务上的声誉，使商品附带上一种高层次的形象，给人以“名贵”和“超凡脱俗”的印象，从而加强人们对商品的好感。就是这个原因，造就了炫耀性消费——价格越贵，人们越疯狂购买；价格便宜，反倒销售不出去。比如，在服装店里，标价太低，可能会让人觉得没档次，但若在价签上的数字后面加个零，或许就会有人来问津。

那么，面对类似于这种商品牟取暴利的情况，我们又该怎样做呢？

首先，要打破“便宜没好货”的心理。购买东西时，我们就要学会关注产品本身的质量。如果我们能够分辨普通商品的好坏，那么就可以大致相信自己的判断。如果是较为昂贵的高档产品，最好有专业人士陪同购买，千万不要抱持“贵才是真理”“贵才是王道”的心理，否则，自己就可能会被当成“肥羊”给“宰”了。

其次，我们要做个理性的消费者，要尽量克制自己的感性购买，不要一冲动就甩出去大把人民币，更不要被一些“花花广告”等宣传造势蒙蔽。

拥有了更好的东西，我才会变得更好吗

爱慕虚荣是人类最普遍的弱点之一，每个人都有爱慕虚荣的心理。虚荣心理是指一个人借用外在的、表面的或他人的荣光来弥补自己内在的、实质的不足，以赢得别人和社会的注意与尊重。这是一种很复杂的心理现象。法国哲学家柏格森曾经这样说

过:“虚荣心很难说是一种恶行，然而一切恶行都围绕虚荣心而生，都不过是满足虚荣心的手段。”

虚荣心强的人喜欢在别人面前炫耀自己昔日的荣耀经历或今日的辉煌业绩，他们或夸夸其谈，肆意吹嘘，或哗众取宠，故弄玄虚，自己办不到的事偏说能办到，自己不懂的事偏要装懂，一切都是为了提高自己。虚荣心强的人还喜欢炫耀有名望有地位的亲朋好友，妄图借助他人的荣光来弥补自己的不足，而对于那些无名无分、地位“卑微”的亲朋则避而不谈，甚至唯恐避之不及。

下面这些情形在你身上发生过吗？

（1）你喜欢谈论有名气的亲戚朋友或以与名人交往为荣。

（2）热衷于时髦服装，对西方的流行货万分倾倒，对名牌痴迷。

（3）你喜欢和别人谈论电影、名著和艺术，但其实你知道的并不多，你只是为了得到别人的赞许。

（4）你喜欢表现自己，尤其想在大庭广众之下露一手，因为这会引起大家对你的重视。

（5）你每月只有3000元的收入，不过你最近还是买了一个10000元左右的LV包。

（6）你觉得你的爱人与你很不般配，于是你不愿意带着爱人参加集体活动，你怕别人怀疑你的品位。

（7）经常停留在商店橱窗前，悄悄欣赏自己的身影，或欣赏自己的照片已成为生活的一部分。

（8）你在与同事朋友的谈论中，常常强词夺理、文过饰非。

（9）你头脑一热又请朋友吃饭，花费不少，事后感到后悔。

（10）你因为朋友的衣物或手表比你名贵一些，于是你感到很有压力，甚至不愿与这位朋友一起吃饭。

如果上述情形有很多在你身上发生过，那么你就要注意了，因为你可能会为了吸引别人的注意，得到别人的称赞，而渐渐地失去自己。当别人用羡慕的眼光看着你的时候，你会感到更加开心；每当你的行头又有了新花样的时候，你会第一时间跑到别人面前展示；也许你并不富裕，但是你却通过省吃俭用购买那些“提升”地位的奢侈品；你还不时展示你几乎没有的才华，只为了博得别人的赞许……

虚荣心让你生活在表演之中，你渐渐失去了你自己，你活得就像个小丑。

虚荣心给人们带来的麻烦和苦恼是有目共睹的，所以，我们一定不要成为虚荣的奴隶。那么如何摆脱虚荣呢？

（1）要客观评价自己，对自己的优缺点、优劣势有一个真实的评价，不要自己欺骗自己，要敢于正视自己的不足，建立对自己的信心。

（2）正确地对待名誉，不要热衷于表面空有的虚名。不要为名声、形象所累，因为名声、形象实际上都是抽象的、虚幻的、人为的，受每个人的价值观念影响。只要你自己有相应的进取、发展、成熟的思维和行为，就完全可以按照自己的心理需求行事，不必过多考虑他人会说什么，有什么看法。

（3）力戒说谎，避免以说谎来表现虚荣。

（4）敢于自我暴露。不但要向他人表现自己的优点、优势，也要暴露自己的弱点、劣势，在人际交往、各种活动中流露自然的自我，自己是什么样的人就表现出什么样，有什么想法就说出来，做真实的自己。

⁂⋯⋯ 人情债，比高利贷更可怕

俗话说，“来而不往非礼也”。商家们也利用人们不好拒绝的心理，推出各种各样的“人情”营销策略，让消费者盲目购物，看到原本自己不喜欢的东西，却还是有着强烈的购买欲望。

在中国的传统思想中，如果我们接受了别人的恩惠，就应该有所回报。这种思维习惯是如此根深蒂固，就好像一个强力的弹簧一样，别人对我们有了付出，我们甚至不需要经过大脑的考虑，立刻就知道要给予回报。

李俊与张昕是一个公司的同事，按照正常工作流程第二天应该是李俊轮休。下班时，李俊正在想第二天是出去逛街还是在家休息，而这个时候他看见张昕不高兴地走过自己身边，就问她：“下班了，怎么还不高兴？”

“我妈妈突然打来电话说已经坐上火车来看我了，所以我明天要去车站接妈妈，但我刚才去找经理请假没有批准。”

“这样吧，我明天替你去接吧？反正我明天休息，你把你妈妈的电话给我就行了。”张昕听李俊这样说，特别高兴，这么一件为难的事情终于可以解决了。

张昕：“太感谢你了，明天晚上我请你吃饭表示感谢。”

李俊说“吃饭就不必了，我给你一个还我人情的机会。我五一想回老家，到时候想在家多玩两天，你帮我代两天班如何？”

张昕思考了一下说：“好，反正我妈妈来看我了，下个月我就不回家了。”

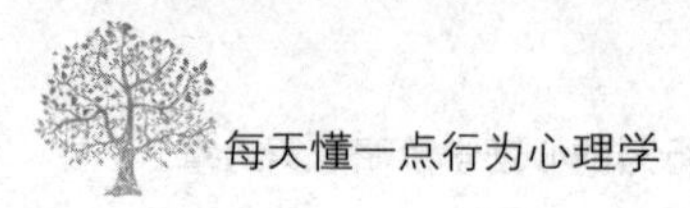

在李俊首先主动提出帮张昕去车站接她妈妈后，又提出想让张昕帮自己代班的事情时，面对对方这种关键时刻的人情，张昕尽管知道两天对她来说有点不划算，但她还是答应了。因为对方的人情在先，自己必须偿还。

李俊有意无意间就使用了“人情术”，从而为自己赢得了更大的“价值”。当然，我们还可以这样做：当希望别人答应自己某个要求时，可以先提出一个比较大的，甚至估计对方会觉得比较难做到而拒绝的要求，在对方为难时，再提出一个相对于前者而言，难度小很多的要求，这样由于对方认为我们做出了巨大的“让步”，就会产生偿还人情的想法，而同意我们的要求，这也正是人们的真实想法所在。

人情术不仅可以在人际交往时使用，还被商家推广到营销之中，在推广产品的时候，利用消费者的这种心理，使其产生购买行为。

我们常常看到一些超市为了推广一种新食品，而让促销人员当场为消费者免费服务，让消费者免费品尝。常见的有现场冲泡速溶咖啡、现场煮某种新推出的方便面，销售厨具的是现场演示并请观众尝试。多数消费者在试了之后，都会购买某种产品，否则会觉得不好意思。

当然，这些常见现象对消费者的内心影响并不大。但如果销售人员所付出的服务足以感动消费者，那么消费者就盛情难却、无法抗拒了，只得做出消费行为来回报对方。比如，某茶叶专卖店的服务人员在超市的过道处，热情地邀请来超市购物的人品尝茶。这时，一位刚走进超市的年轻人路过的时候顺便品尝了一杯，服务人员赶紧说：“你可以进到店里稍做休息，顺便喝一杯茶。”而当他坐下来之后，服务人员便热情地帮他泡一壶茶并且给他详细地讲解茶叶的文化，这一过程大概需要花去十几分钟的时间。

基于有付出必会回报的心理，当茶叶专卖店的人花了十几分钟的时间为他服务时，他如果不买，肯定会产生一种愧疚感，而且再一想茶迟早也是要喝的，于是便产生了购买行为。

著名心理学家罗伯特·西奥迪尼将这种“付出—回报”行为称之为“互惠”，即对于别人的付出我们要予以回报，否则就会产生愧疚感，其实这与商家在消费过程运用的人情术是一致的。

人们只要接受了别人的某种礼物或者帮助，就等于“欠了一个人情”，而这笔“人情债”是需要偿还的。“人情债”一天“不还”，我们心里一天就会有一种无形的“道德压力”，直到偿还为止，才能够感受到一种“解脱”。

对于商家来讲，“人情术”无疑是促使消费者做出购买行为最有效的方式之一。但对于消费者来说，我们应当保持清醒的消费心理，理智地面对商家的各种促销形式，为自己减少不必要的消费开支。

淘宝网铁粉的养成：路径依赖

在当前博弈界，路径依赖是一个使用频率极高的概念，它说的是人们一旦选择了某种制度，就好比走上了一条不归之路，惯性的力量会使这一制度不断自我强化，让人轻易走不出去。路径依赖效应，用通俗的话来讲，就是人们的一种经济惯性。

淘宝上买东西、炒股的系统交易、企业管理等行为其实也是缘于路径依赖。你的系统交易、企业治理模式不一定对，但一旦你使用了很长时间，你就会产生依赖一直使用下去。

某学生从国外留学回来，因为曾在淘宝网购买过图书，此后就经常光顾淘宝网。

一日，女友问他：“网上哪里买化妆品便宜？”

某学生：“淘宝网。”

女友：“哪里买衣服便宜？”

某学生：“淘宝网。”

女友：“网上哪里买手机便宜？”

某学生：“淘宝网。”

突然，女友笑着推了他一下：“你家是开淘宝网的？”

上述案例中的那位学生只使用了一次淘宝网，就成为淘宝网的常客。当女友要购买东西时，他就积极向女友推荐淘宝网。可是，反过来想想，买东西一定要上淘宝网吗？回答当然是否定的。还有很多网站可供选择，如亚马逊、当当等。那个学生为什么一直给女友推荐淘宝网？因为他熟悉淘宝网，让女友直接去买，提高了行为的效率。这种状态，在博弈中就是典型的路径依赖效应。

有一天，城市青年小董到乡下的亲戚家做客，他在田间看到一位老农把一头大水牛拴在一个小木桩上，就走上前，对老农说："大伯，它会跑掉的。"老农呵呵一笑，语气十分肯定地说："它不会跑掉的，从来都是这样的。"小董有些迷惑地问："为什么会这样呢？这么一个小小的木桩，牛只要稍稍用点儿力，不就拔出来了吗？"老农靠近他说："小伙子，我告诉你，当这头牛还是小牛的时候，就给拴在这个木桩上了。刚开始，它不是那么老实，有时也想从木桩上挣脱，但是，那时它的力气小，折腾了一阵子还是在原地打转，见没法子，它就蔫了。后来，它长大了，却再也没有心思跟这个木桩斗了。有一次，我拿着草料来喂它，故意把草料放在它脖子伸不到的地方，我想它肯定会挣脱木桩去吃草的。可是，它没有，只是叫了两声，就站在原地望着草料了。"听完这个故事，小董恍然大悟。原来，束缚这头牛的并不是那个小小的木桩，而是它的惯性思维。

依据路径依赖理论，人们一旦做了某种选择，惯性的力量会使这一选择不断自我强化，并在头脑中形成一个根深蒂固的惯性思维。久而久之，人就在这种惯性思维的支配下沦为经验的奴隶。

僵化的思维方式不仅使我们无法创造辉煌的人生，有时还会对人的生存和发展造成阻碍。其实，世界上的事物都不是一成不变的，用过去的思维应对当今的世界，则无异于刻舟求剑，不可能取得成功。

每个人都积累过各种各样的经验，同时又会从别人身上学到很多经验。对于经验，必须辩证地看待，灵活地运用。因为经验是一个既有用又无用、既有利又有害的东西，用得好可以使你继续成功，用得不好则会让你一败涂地。

因此，经验并不是真理，千万不要让经验束缚了自己。老观念不一定对，新想法不一定错，只要你敢于突破惯性思维，相信你也会获得成功。

打折就买：商家是如何让你掏腰包的

很多人在商场购完物结账时从不看小票，等走在回家的路上时才犯嘀咕——怎么花了这么多钱，商场不可能算错账啊……等拿出小票细看时，才发现很多商品的价格并不是自己在货架上看到的价格，并不是所谓的特价商品，这到底是怎么回事呢？

“打折”商品却按“原价”收费？到底是自己眼花了还是商家灌你“迷魂汤”了。现在就借你一双“火眼金睛”，让你看清商家玩的那些“躲猫猫”游戏。

1.“特价”商品照样按原价结算。

明明是“特价”商品怎么能还按原价结算，这不是故意欺诈吗？如果你发现得早，赶在结算之前，收银员会以“工作人员贴错标码了”“货物放错货架了”或者“你看错了”等等为由来敷衍你；但是如果你发现得晚，过于相信电脑的零失误率，也不太留意结算时的电脑小票，等你反应过来下次去商场理论时，商家往往会以“特价活动已经结束，现已恢复原价，只是标价牌还没及时更换”为由拒绝返还差价。

2.故意以“打折”商品诱惑消费者，实则仍是原价甚至比原价还高。

节假日、换季时各大商场的打折、优惠、购物抽奖的广告扑面而来，让你头晕目眩，诱使你直掏腰包捡“实惠”。“买100

送60”“买300减100”、一折区、二折区、三折区……不少服装店贴满了各种醒目的“黄条”，告诉你他们在“挥泪大甩卖”，只剩“最后三天清仓”了，错过这个“庙”你就再也捡不着这样的“实惠”了。他们惯用的伎俩就是在商品上贴上“原价4000元现价1000元”之类的标签来达到促销的目的。一个服装行业的朋友就曾经自吐苦水地说：“没办法啊，现在大家都搞这样的噱头，消费者就喜欢看这样的字眼，我们这样写也是为了生意好啊，哪有不赚钱的生意……”是啊，哪有不赚钱的生意——这才是商家打折的真正目的——打折＝利润，减价实为涨价。

3. 将原价商品故意标为“特价”出售。

为吸引消费者注意，商家将一些原价商品故意标示为“特价”商品售卖，并以“特价商品，概不退换”来制造假象，让消费者相信这是最省钱的“白菜价”了，你不赶快抢这块“肥肉”，别人就会捷足先登。等你花了这“白菜价”后，你才发现其实这“白菜”水分太多，物所不值。但是商品一旦出售“概不退还”，消费者是捡便宜还是吃亏了，难得糊涂一次吧！

4. 在“打折”区域中摆放原价商品，以混淆视线。

很多超市经常在醒目位置设置“特价”区域，堆放一些特价商品，但同时也将一些原价商品放入其中，消费者一般不会仔细查看每件商品的标签，等到结算时才发现所购买的“特价”商品其实是原价商品，但看看排了这么长时间的队等待结账，也只好自咽苦水地买下，谁让自己不仔细看清楚呢！有些商家就是摸透了消费者的这些心理，借“打折”“减价”之名，行“欺诈”之实。当我们兴高采烈地花着钱时，却不知不觉地投资了零售业、服装业……不知不觉地沦为一个商品奴。

为什么你总是迷恋冲动消费

现代人常说人逢购物精神爽，尤其对女性而言，心情不好的时候，特别能够下血本，看着自己的战利品，特别有成就感和满足感，似乎已经掩盖了抑郁的情绪。

每次看到自己采购回来的衣物、鞋袜塞满衣柜，李伟萌都很后悔，但她就是克制不住购物的欲望。于是，她就在痛与快乐之中纠结。李伟萌学的是工程设计方面的专业，周一至周五都很忙，有时为了绘一张老师布置的工程图要通宵达旦，搞得既紧张又累。所以，许多时候，她觉得自己有点压抑，情绪总是在低谷。她平时很少外出游玩，唯一的乐趣就是周末邀约几个女生进城购物。碰到超市就忍不住走进去，本来只想逛逛就行，但每次都是满载而归。特别是到了打折的店铺，她往往因为某件衣物的配饰好看、某条裤子款式新颖、某双鞋子颜色中意，不管合适与否，都“慷慨解囊”，通通买下。如果没买成就会睡不好，如生病一样没精神。

人会在心情不好的时候做一些让自己放松的事情，花钱购买商品（比如最新款的裙子或者手机）是其一，而花钱购买经历（比如出去吃顿饭、买一张音乐会的票或者一次度假）也是其一。

漂亮的何丽感情受挫，与男友分手后，毅然向上司递交辞呈，然后潇洒地拖上行李箱，远走他乡，用一场旅行来治疗感情的创伤。于是，她选择了香格里拉。在近一个月耗资15000元人民币的“修养”中，她觉得自己在看到巍巍雪山、青松翠柏、潺潺流水，还有那洁白的雪莲、碧绿的海子、奇特的藏药、天使一般的黑颈鹤……的时候，得到了治愈。这段记忆在她以后的人生历程中，为她带来了无法淡去的恬静的心绪。

心理学家里夫·凡·波文和托马斯·基罗维奇做过这样一个研究：当我们想花钱买快乐时，买商品和买经历哪一样更好。两位心理学家首先开展了一次国际性的访问调查：请世界各地的一些人回忆自己花钱买快乐时所买的商品或经历，然后对这些商品或经历给自己带来的快乐程度打分。他们还做了另一项实验：将实验参与者随机分成两组，要求其中一组回忆最近买过的商品，另一组回忆最近买过的经历，然后分别对自己目前的情绪状态打分，一组的评分标准是从－4分（不好）到4分（好），另一组的评分标准是从－4分（难过）到4分（高兴）。

两个实验的结果都清楚地表明，不论从短期看还是从长期看，买经历都比买商品带给人更多的快乐。

同样都是一种购买行为，为什么会有这样的差别呢？

原因就是，我们对经历的记忆很容易随着时间的流逝而过滤，会滤出或者放大自己的愉悦记忆，同时把一些不愉快的记忆封锁起来或者缩小。比如，我们可能忘却令人疲乏的飞行旅程，而只记得在沙滩上全身放松的美妙时刻。与之不同，我们的商品会随着时间的流逝而变得破旧过时。同时，购买经历会促使我们采取有效导致快乐的行为——和其他人共度时光。此外，社会性本身也是经历的一部分，当我们把经历告诉别人之后，我们的经历也就具有了社会性。与之相比，购买最时髦或者最昂贵的商品，有时候反而会使我们与拥有这一商品的朋友或家人隔绝开来，对商品的把玩也会使我们在不知不觉中陷入孤立的状态。比如，我们想在人前展示自己的钻石戒指，但是方法一旦没用对，就很可能让别人误解为炫耀，从而产生不愉快。

所以，如果真想要花钱买快乐，我们就买经历吧！可以出去吃顿饭、听场音乐会、看场电影或演出，可以远行度假、去学舞蹈、出去写生、去蹦极，等等。经历是属于我们自己的宝藏，是一份永远都不会失去的宝藏。

第七章

穷人和富人的差距是怎样一点点拉开的

当小钱变成大钱，我们都会成为吝啬鬼

美国麻省理工学院曾做过一项实验，将被试分成两组。研究者拍卖篮球票，价高者得。其中一组被要求必须用现金付款；而另外一组则被要求用信用卡付款。实验结果是使用信用卡的一组出价最高。因为付款方式是信用卡，在付款的时候不会直接看到自己的钱从口袋中出来，因此也就更加大方。

为什么会发生这样的情况呢？这到底是一种怎样的心理呢？其实，这是每个人都有的“心理账户”效应，即在面对不同的消费方式时，人们的反应是不一样的。因为人们把不同来源的收入放到不同的心理账户中，有时候属于同种收入的一大笔钱和一小笔钱也会被分开看待，分开消费。人们倾向于把一大笔钱放入更加长期、谨慎的账户中，而把零钱放入短期消费的账户中。比如，有人看中一件500元的大衣，想在领到季度奖金的时候再把它买下来。如果这个人的季度奖金是800元，他很可能拿出其中的500元去买自己心仪已久的那件风衣，而剩下的就作为零花钱；但是，如果因为一个项目得到了巨大的利润，公司决定给他

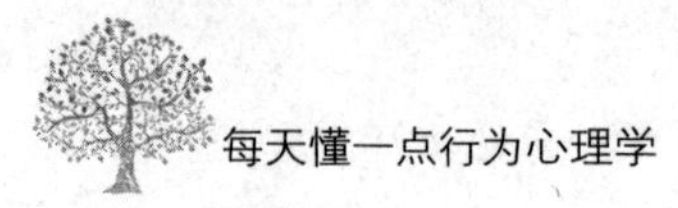

8000元的奖金。那么，按照常理来说，在这么大一笔钱中取几百块买件衣服并不是难事，但是，他通常会把这8000元钱存入银行，从中取出500元钱去买风衣的动力就弱化了。原因是他把这两种奖金放在不同的心理账户中，把500元归入零花的小收入账户，而把8000元归入储蓄的大收入账户里，对待8000元的每一元钱比500元里的每一元更加认真和谨慎。结果是多拿了钱反而花得更少了。

人们通常在拿了一大笔收入的时候不愿意花钱，而在有一笔比较小的收入的时候反而容易把这笔钱花光。让我们再来看一个有趣的案例。

30年前，以色列经济学家兰兹伯格研究了第二次世界大战后以色列人在收到西德政府的赔款后的消费问题。这笔抚恤金虽然远不能弥补纳粹暴行给他们带来的创伤，但在他们心中还是被看成是意外的收入。每个家庭或者个人得到的赔款额各不相同，有的人获得的赔款多达他们年收入的60%，而最低的赔款大约是年收入的7%。兰兹伯格教授发现接受赔款多的家庭，平均消费率为0.23，也就是说他们平均每收到100元的抚恤金，其中的23元被消费掉了，而剩下的则被存了起来。一些获赔款少的家庭，他们的平均消费率竟然高达2.00，这种情况就相当于他们平均每收到100元抚恤金，不仅把它全部花掉，而且还会从自己的存款中再拿出100元倒贴消费，看来这抚恤金使得他们把自己的钱也贴进去了。

这个例子也说明了人们根据一次性获得收入的不同而放入不

同的心理账户，从而导致了大钱小花，小钱大花。现在你认识到这个正常人的误区了吧。所以，如果你想跳出这个误区，变得更理性些的话，就应该对大钱和小钱一视同仁。了解了这花钱的特点，我们也可以让这个特点为我所用。这种规律如果运用到现实生活中，则可以想象，作为子女，你可能想在过年的时候给父母一大笔钱以示孝心，自然，你也希望这笔钱能够真真正正地改善他们的生活。但是父母通常会把这笔钱放入储蓄的心理账户中，不舍得花。而你将这笔钱分若干次以小额的形式给他们，比如将原来一次性的4000元分十次，可以200元、300元、400元这样送，那么，这些零散的钱就会被父母归入零花钱的心理账户里，花到日常饮食起居的开销中，这个时候你的孝心就得到了真正的实现。同样，政府如果要刺激消费，也可以鼓励企事业单位发奖金的时候以若干次小金额的形式发放，这样一来，较之一次性大额奖金，人们更愿意将这些小钱投到日常的消费中，而不是把它们存起来。

我们应该明白，钱是没有记忆的，不应该将同样的钱人为地打上不同的记号，而要对不同来源、不同时间和不同大小的收入一视同仁。

及时止损，让投资回报最大化

炒过股票的朋友可能都有过这样的心理，当所持的股票突然下跌时，人们最初往往并不急于抛售，而是持一种观望的态度，当股票一跌再跌时，人们还是继续等待，以期待出现高涨

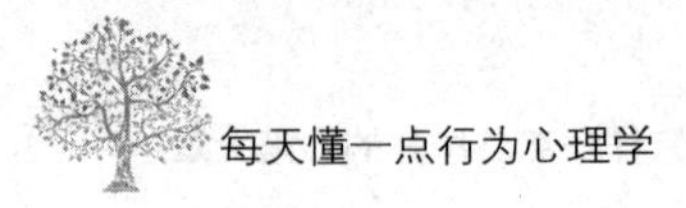

的奇迹。

身在局外的我们通常会有这样一个疑问，与其让股票继续下跌增加损失，为何不立即抛售，尽可能地减少损失呢？心理学家认为人们对“财富”变化有这样一种心理：人们对同样财富数量的损失和赢利，其“感受”是相当不相同的。一定数量“损失”所引起的“负效应”大于同样数量“赢利”所带来的“正效应”，这种损失更敏感的现象就是“厌恶损失”。

行为经济学家卡尼曼实际操作了这样一个实验：假设现在我们在赌城拉斯维加斯，投注的时候，遇到了一个发大财的机会。A：确定可以获得800万；B：虽然可以获得1000万，但是只有15%的概率。如果是你，你会做出怎样的选择？

在这种情况下，大多数人会选择更保险、更明确的能获得800万的情况。但是在与此相反的情况下，人们更喜欢选择风险系数大的情况。A.：一定要交出800万；B：虽然会失去1000万，但只有15%的概率，更大的可能是交出一分钱。

由此看来，当人们在有利可图的时候，会选择去获得稳定收益，但是当吃亏的时候，为了避免吃亏，更愿意去赌小概率事件。心理学家认为当人们在面临同样大小的利益和损失时，来自损失的压力比来自利益的幸福感高出约两倍。

另外，“厌恶损失”心理还会导致一些赌客在输钱的时候，有一种“不惜一切代价”都要竭力避免损失的心理。抱着这种心理，无法把握自己逐渐丧失的理智，却偏要抓住“已经失利的局面”不放，最后就是越输越多，直到一败涂地。

因此，当股价上扬的时候，我们更愿意选择稳定收益，马上卖出手中的股票，满足于小小的利益。相反，股价下滑的时候，盼望股票再次上涨，放弃稳定，选择风险。人们受到这种倾向的影响，会产生想把遭受的损失降低到最小的心理，但最终却容易遭受更大的损失。

在股市里要想一直保持清醒的头脑，在情绪起伏不定面前，以最快的时间做出对自己相对最有利的决策。除了避免“出手涨势股，死抓跌势股”的心理，我们还要了解下面几种不利的炒股心理。

1. 过度自信

心理学研究表明，人们总是对自己的知识和能力过度自信。投资者往往过于相信自己能够“把握”市场，把成功归功于自己的能力，而低估运气和机会在其中的作用。证券市场的巨大不确定性使投资者无法做出适当的权衡，非常容易出现行为认知偏差。市场上的很多异象都是由投资者的过分自信造成的，最典型的投资者行为是过度交易，推高成交量，导致交易成本上涨，从而对投资者的财富造成不必要的重大损失。

2. 从众心理

经过反复思考后终于决定要在第二天早上卖出手上的股票。但当他踏入市场后，却又耳闻其他投资人对后势持乐观看法。就在这一瞬间，他马上变卦，甚至又买进了新的股票。实际上，即使在一群特别聪明、相当沉稳多虑的人当中，从众的冲动情绪仍然能够发挥作用。

一般来说，市场上会存在着较大的从众心理，这也是造成市场成交量持续于高位的一个原因。这种情况表现为在某个时期，大量投资者采取相同的投资策略或者对于特定的资产产生相同的偏好。这也就是所谓基金重仓股和券商重仓股的奥秘，基金扎

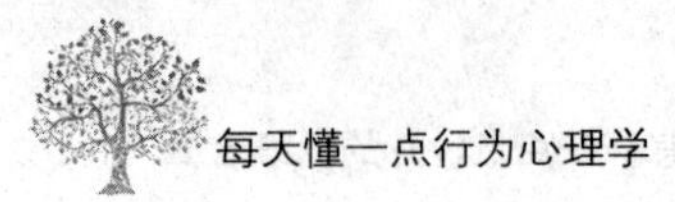

堆，散户也扎堆，一出现恐慌性抛盘，只要有一个大单砸下，就会引起疯狂的跟风操作。

3. 自归因

自归因是指人们总将过去的成果归功于自己，而将失败归因于外部因素的心理特征。投资者通常将投资成功归功于自己的能力，而将投资失败归咎于外部的不利因素。例如，很多人将自己投资失败，深度套牢归咎于听信某些带头大哥、小道消息的错误，而赚了钱则归功于自己判断准确无误，而下次再出现带头大哥或者小道消息的时候，依然确信不移，继续进入庄家编好的出货套，高位接盘。

4. 过度反应

指投资者对最近的公司信息赋予过多的权重，导致对近期趋势的推断过度偏离长期平均值。投资者过于重视新的信息，而忽略长期的历史信息，但后者更具有长期趋势的代表意义。此行为导致对以后造成重大影响的消息急速推高估价而又迅速回落。

让你获得财富自由的理财计划

很多人奇怪，为什么自己就是攒不到钱呢？自己好像有多少就会不自觉地花多少。其实，只要我们懂得一些理财小技巧，就可以在理财上跨出很大的一步。当理财成为一种习惯，成为我们生活的一部分，“月光族”的称呼也会离我们越来越远。

张路和李玲是同时毕业的校友，她们从事不同的工作。张路在一家房地产公司上班，月薪8000元。李玲只是一个出版社的普通编辑，月薪3500元。但是一年下来，她们同学聚会，一谈储蓄却让她们大吃一惊。张路虽然月薪8000元，但一年下来才存了10000元；而李玲月薪虽然没有张路多，但是她存了差不多30000元。原来张路虽然挣得多，但每个月打车、美容、衣服、高档化妆品……花费差不多有6000元。而李玲除了基本的生活费用，没有多余的花费，一个月也只消费五六百元。所以一年下来，月薪8000元的张路竟没有月薪3500元的李玲富裕。

很多人觉得自己“月月轻松”的生活方式很潇洒，不用为存钱担心，也不用担心自己的吃穿住行，以快乐为目的，视钱财如粪土。

但是，生活不止于自己的眼前，此刻挥金如土很可能为我们的将来埋下不必要的隐患和炸弹。人类的需求是有层级之分的：在安全无忧的前提下，追求温饱；当基本的生活需求获得满足之后，则要求得到社会的尊重；之后会进一步追求人生自我价值的实现。金钱的多寡，不仅仅代表我们是否有一双可以挣钱的勤劳的双手，还代表我们是否有“圈养”金钱的能力。因此，我们必须认识理财的重要性，制订一套适合自己的理财计划，合理利用财富来达到自己的目标。

那怎么养成良好的理财习惯呢？

关于理财，概括起来就是开源节流，如何少花钱多赚钱。下面的几个小技巧虽然很简单，但是被很多人忽略。实际上，如果我们能充分掌握的话，理财效果将十分明显。

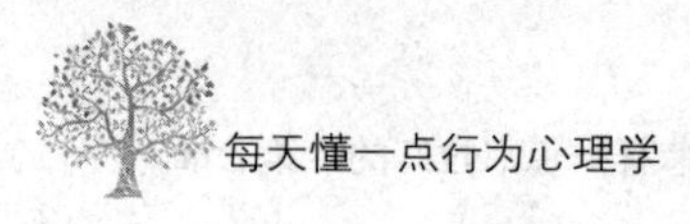

1. 强迫自己储蓄

单身“月光族”都是一人吃饱全家不饿，因此养成了有多少就花多少的习惯，即使工作多年了，仍然还是零储蓄。所以，从今天开始，你要每月从户头中强迫扣款存钱，这是日后生活有所保障的好方法。

2. 把零钱存下来

进餐、出行、购物、置衣……一天下来，我们会发现钱包里多了许多零钱，此时不妨将其悉数取出，专门置放一处，日日如此，然后一月、一季或半年上银行换成整钱结算一次。此时原本平常不善存钱的我们，会惊喜地发现每日存放的、无足轻重的零钱已汇聚成一笔可观的款项。

3. 把花销登记入账

记账是女性理财的通用办法，装个家庭理财软件或者直接使用笔记本，方便记账。我们只需把自己的花销分门别类地登记上去，将余额与自己实际所拥有的现金进行核对即可。坚持去做，我们就会对自己的花销了如指掌。

4. 在打折时抢购名牌

热爱名牌，这本无可厚非，但疯狂购买名牌的结果，往往使你陷入入不敷出的窘境。因此面对名牌的诱惑，一定要学会忍，要将有限的财力用在刀刃上。在打折期购入名牌，不仅可以得偿所愿，而且可以省下不少钱。

5. 用现金代替信用卡

用信用卡消费总使人产生一种不是花自己的钱的感觉，不知不觉就会超支。对此，我们在逛商场之前可以花点时间到柜员机上取现金，这样即使手里的钱全部花光，心里也清楚自己到底花了多少钱，以有效控制自己的购买欲。当然，现在微信支付、支付宝支付十分便捷，但经常用现金付款也可以抑制自己的购物欲。

6. 带上所有的打折卡

两人外出消费时，尽可能随身带上所有消费场所的优惠打折卡。一个月下来，光省下来的折扣费，也是一笔可观的数目。

7. 进行合理保险规划

买保险是为了防范人生风险，人生风险多样且无时不在，因此应综合考虑家庭面对的所有风险，以统筹安排保险规划。

8. 购买医疗保险

为提高保障水平，进一步分散家庭财务风险，可以考虑购买一些定额给付型的医疗保险，主要包括重大疾病保险和住院津贴保险。另外，如果是女性，还可以在怀孕前购买医疗保险，为生育期提供保障。

正所谓“人无远虑，必有近忧”，正在为幸福生活而奋斗的我们，应该多钻研一下理财的学问，从现在起就做好预算，免得将来为钱财忙得焦头烂额。

投资的本质：不同风险的组合

现如今的人在生活中面临越来越多的挑战，对金融知识的需求也越来越大，要如何投资理财以及得到经济上的独立，是每个人应该重视的。许多人想把剩余的钱拿去做投资，但不知如何操作。其实，投资很简单。在决定投资之前，我们要先找出相关的可供选择的投资方式，咨询可靠的财务专家，也可以与其他

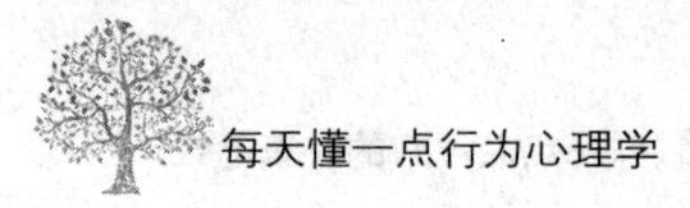

人讨论投资规划。此外，阅读书刊报纸上的财务资讯也是很重要的。

许多人总是一窝蜂地跟着别人干投资，盲目从众、跟风。从心理学的角度来看，个人很容易受到外界人群行为的影响，而在自己的知觉、判断、认识上表现出符合公众舆论或多数人的行为。这种行为本无可厚非，但是，既然我们已经意识到了这一点，那么，在投资之前，就要针对自己的条件和投资目的而有所区分和考虑了。

专家认为，假如投资目的是为将来退休做准备，或为子女教育做资金筹备的话，选择稳健而风险低的理财产品做长期投资会比较理想；假如只做短期投资，希望短期获利，则可以考虑一些高风险、回报大的投资项目。

年纪较轻又没有家庭负担的人，可以选择高风险投资方式，如期货或股票。若年纪较长或家庭负担较重，选择较稳健的投资项目比较适合，如做蓝筹股投资。

若我们打算做长期（约两年以上）投资，可以选择风险低、变现能力也相对较低的，如购买楼房。但若我们只想做两年以下的投资，可以选择稳健、变现能力较高的投资项目，如债券、蓝筹股。

如果我们能抽出闲暇时间关注市场动态，可以试一试高风险的投资项目。相反，如果我们没有太多的空闲时间，不能紧跟市场，就选择一些长期稳健、跌幅不大的投资项目。基金有专业人员打理，但手续费较高。

每月有固定收入进行投资的人，可以选择每月供款形式的基金、储蓄及外币。如果我们有一笔钱进行集中投资的话，由于大部分投资项目“入场费”（基本投资额）在万元以上，所以有多种投资项目可供选择。

工作较自由及外出频繁的人；可以灵活地控制自己的工作、生活规律，能紧跟市场的人；从事与投资市场买卖相关的工作，能够时刻留意市场动态的人，可以试一试高风险的项目，如股票、期货等。

在考虑好自身的因素后，我们还要搞清楚自己的需求，然后再去市场上寻找一种适合自己的投资方式。下面先让我们看看李梦是怎样投资的吧。

30岁的李梦，可算是众多白领人中的投资高手了。她结婚已有三年，有一个宝贝儿子。所以，她的理财观念比较务实。作为一个化工厂的行政主管，她每月的收入有3000多元。对于自己的收入，她制订了详细的理财计划，并积极到理财咨询中心寻求帮助。现在，她的投资领域相当广泛，股票、债券都有涉足。

两年前，她看到办公室里有几位同事炒股赚了钱，于是也拿出1万元去证券公司开了户。那时，她看到浙江中汇的价格不高，只9元多每股，于是就买了1000股。想不到的是，之后，该股的价格一路上扬，最终她获得了近三倍的赢利。她尝到了钱生钱的甜头以后就一发不可收了。现在，每天回到家，料理完家务，她都要研究一下自己制作的现金流量账户，以确定下一步的投资策略。她还通过书籍、报纸补充投资理财的知识。功夫不负有心人，她的资产也在不断地增长着。她的理财观念就是：“理财，就是要为将来做准备，以后，孩子上学以及买房子等，都要大笔地花钱。所以，趁着现在年轻、收入高，应该早早地做好理财计划，以减少后顾之忧。”

想不想成为李梦一样的投资理财高手呢？那么，我们就一起来看看理财专家为我们设计的大众化投资搭配方式。

1.国债30%

由于免征利息税等优惠措施，目前国债的收益率比定期储蓄要高，国债的兑现也不难，只需到银行储蓄网点办理提前支取即可。凭证式国债有一个缺点，就是不到半年提前支取不计息。国债超过半年后，如果提前支取，不像储蓄一样按活期计算利息，而是按各个档次分段计算利息。另外，国债提前支取还要收取0.1%的手续费。

2.储蓄35%

从流动性来说，活期储蓄最佳。随着ATM和POS机的大量出现，活期储蓄存折加借记卡的使用非常方便。

储蓄收益虽然大幅减少，但保本收益，普通家庭仍可以选择。目前，储蓄种类很多，用户可以根据自己的用钱结构进行储蓄投资。

（1）随时想用的钱可以存成活期。

（2）如果有固定收入，特别是工薪阶层，除了生活费，可以选择零存整取的储蓄方式。

（3）如有大笔的钱，且暂时不用，可以存本取息，这种储蓄特别适合老年人。

（4）对于开支无计划但有固定收入的人，可以选择定活两种储蓄。

（5）对于有计划目标的家庭，可以选择三月、半年、一年、二年、三年、五年定期储蓄。

3. 保险10%

投保未出“险情”时如同储蓄，出了“险情”受益匪浅。保险好处多，但它仍不能完全与银行储蓄相比。储蓄可以随时支取，保险则是在发生意外事故后才能给予赔偿。因此，保险不能不保，但也不能过量。

4. 集邮、币市10%

如今，纪念邮票全部实行预订，即纪念邮票不再向社会公开零售。因此，邮票市场一定还会呈现出良好势头，但邮市行情起落幅度相当大。从禁止非法买卖人民币规定出台后，币市价格一跌千丈，但有跌便有涨，币市也有一定的回升潜力。

5. 其他10%

投资品种还有很多，如古董、书画艺术品等，都有各自的优点与缺点，投资者可以根据自己的爱好，选择投资重点，在条件不具备的情况下不要过分勉强。要使资产结构合理，还必须注意投资项目的持有时间要和目标的完成期限相契合，绝不要以短期的投资项目（如短期债券）来完成长期的理财目标（如养老），也不要以长期的投资项目（如股票）来完成短期的目标（如购买电器）。

6. 股票5%

股票的流动性很好，基本上可以随时兑现。从收益性来说，股票总体而言收益率较高，但股票市场风云变幻，起伏不定，风险也很大。投资者可以以长期投资的心态少量购买，即使套牢，也不会损失太大。

财富是累积所得，现代人应在成功和失败的投资经历中不断总结经验和教训，理智投资。这样，我们的财富才会多起来，为自己的幸福奠定坚实的物质基础。

为什么相信自己有钱的人更容易赚到钱

假设你在一家大公司工作，却觉得自己的工资太低，你恨自己不能获得老板的赏识，经常觉得应该拥有更多钱和得到认可。这时，就需要你自身发挥潜意识的作用，改变现状。

珍妮特是一位非常年轻的天才歌唱家，她被唱片公司邀请出演一出歌剧。她非常看重这次机会，但是心中却一直惴惴不安。此前，她一共有三次在导演面前试唱失败的痛苦经历。每次失败都加重了她内心的恐惧，使得她在下一次试唱时背负更大的压力。珍妮特的嗓音棒极了，可是她每次都对自己说："轮到我试唱时，我总是唱得一塌糊涂。我始终不能入戏，导演一点也不喜欢我。他们一定在想，这种破嗓子也好意思丢人现眼。我只好灰溜溜地独自回家。"

她的潜意识接受了这种消极的自我暗示，并把它当作命令一样地去执行。潜意识控制了她的身体，让她在演唱时不知不觉地就把这种观念变成了现实。她的恐惧化成糟糕的表演情绪，主观设想变成了现实。

这位年轻的歌唱家最后终于克服了消极自我暗示带来的影响，她的方法就是：用积极的自我暗示来对抗消极的自我暗示。她每天三次把自己关在一间安静的小屋里，小屋的中央有一把非常舒服的椅子。她坐在上面，放松身体，闭上眼睛，使身体和心灵都在这一刻归于平静。因为生理上的低兴奋水平可以让心灵更容易接受自我暗示。她对自己说道："我的歌声优美而动听，我的仪态优雅而自信，我的心智机智又冷静。"她说这番话的时候，语速非常慢，语气也十分柔和，这样一共说上5～10次。

这样做不仅使她再次得到了老板的重视，报酬也相应地增加了，更重要的是得到了观众的认可，潜意识帮助珍妮特成功地克服了恐惧。

如果你在思想上和自己的雇主对立，那么，你也就在潜意识里割断了和那个组织的联系。你假设了这样一个过程，然后某一天，你的上司告诉你："我们应该让你走。"实际上，是你自己开除了你自己。你的上司仅仅是作为一个工具行动的，通过他，你的消极情绪得到了确认而已。这就是作用力和反作用力规律的一个例子。

生活中，会时不时地听人说，"赚大钱的人都是骗子"。这样说和这样想的人通常都没有什么钱。可能他还在仇视和嫉妒以前朋友所获得的成功。如果是这样，这个人正给自己制造困难。对那些成功的朋友持有消极看法并批判他们的财富，这会导致失败和破产。因为财富同样不愿意和谴责仇视它的人在一起。

如果你正在寻求投资指导，或者你正担心你的股票或债券，那么静静地说："无穷的智慧正管理并照看着我所有的金融交易。不管我做什么都会兴旺。"如果你经常这样做，满怀信心，或许你会受到保护而远离损失，因为在任何损失来临之前，你都已做好充足的准备。就如同在大型超市，管理人员雇佣保安来防止被盗，每天，他们都会抓到一些想不劳而获的人。而这些人却深深陷入一种严重局限的精神状态之中，为了偷到东西，他们渐渐失去了平和、安宁、信任、忠诚、团结、善良和自信等品质。更为重要的是，他们的这些行为传递给自身潜意识的是一连串精神上的迷失：人格扭曲，内心不得安宁。我们不知道这些人的内心是怎么运作的，但他们在自我给予方面缺乏信心。不过只要他们能够正确呼唤出潜意识的力量，他们就能获得工作，过上富足的生活。

同样在工作中，只要将自身工作做好，然后，潜意识就会释放忠诚、团结、坚忍不拔等意志品质，正确地引导自己向社会传递出可靠的讯息，这样不仅报酬会提高，人格、信誉也都会相应提升，财富将牢牢掌控在自己手中，涨工资将不再受到阻碍。

为什么投入多未必有回报：二八定律的运用

“二八定律”是19世纪末意大利经济学者帕累托总结并提出的。帕累托发现：在任何一组东西中，最重要的只占其中一小部分，约20%；其余约80%尽管是多数，却是次要的。如20%的人占有80%的财富；20%的投入换来80%的回报。而且，这种不平衡的模式会重复出现。

“二八定律”的关键是不平衡关系问题。例如，两个人投入同样的8个小时，而产出的成果是绝对不一样的。员工工作了8小时获得的报酬是100元，而老板工作了8小时获得的报酬是1万元。因为事物本身是存在一定的秩序关系的，各种关系内在的力量也是不平衡的，有强势和弱势之分，这势必会造成因果关系的不对等。这样一来，投入和产出也就不会成为正比。从财富分配的角度来说，就是这种不平衡，导致了人们收入的差异。

在这个社会上，总会有穷人和富人，总会有高收入者和低收入者。而且富人总是占少数，穷人总是占多数。两者的比例一般会保持在2∶8左右。即使某一特殊时期出现财富均衡，也最终会向这一比例靠拢。这是“二八定律”在起作用。

例如，20%的产品或顾客，通常占该企业组织约80%的利。20%的罪犯占了所有罪行的约80%。在家中，无论是地毯还是家用电器，80%的磨损出现在20%的位置。80%的时间里，你穿的是你所有衣服的20%。在学校里，你获得的绝大多数知识来源于少数的课程和书籍。“二八定律”存在于生活的方方面面。被称为“20世纪最大投资失败”的铱星公司倒闭，就是被“二八定律”击败的活生生的例子。铱星公司出身豪门（后台是大名鼎鼎的摩托罗拉），其推出的铱星电话——“在世界任何地方都能打通的电话”技术上的先进性无可匹敌，可就是这样一个“天之骄子”，在投入运营两年后不得不宣布倒闭，原因何在？除了运营方面的种种失误，最重要的败因正是它所追求的“覆盖全球”的理想。原来，地球表面的80%以上是人迹罕至的海洋、极地和高山，为了将这些地域纳入通信网络，铱星公司不但要发射大量卫星，还要负担维护其运转的巨大费用，可是这些地方所能产生的利润却微乎其微。这些成本最终都要由另外那20%地区的用户负担，这就是造成铱星电话价格过高，无法和普通移动电话竞争的原因。

人们不禁要问：“是什么因素让约20%的原因产生约80%的结果？”“二八定律”对不平衡关系的揭示，给我们提供了一个新

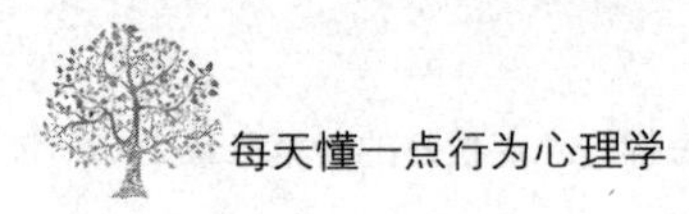

的视角，只要想想约80%的收获来自约20%的努力，其他约80%的力气只带来约20%的结果，你就不会盲目地将自己的财力、精力都捐献给无偿劳动了。我们应针对性地利用资源，以提高我们的工作效率，改善生活质量。

“二八定律”到处产生影响，每个人都可以成为运用“二八定律”的专家，这需要发挥大家的创造力，积极观察，并从“二八定律”中得到启发，这可以使我们更有效率地做事情。如果公司发现约20%的产品带来了约80%的利润，那么这家公司就应该集中投资这些利润高的产品。对一个企业来说，顾客中的约20%占有营业额的80%左右，而他们就是所谓的“贵客”。既然这样，要怎样做才能抓住这些“贵客”，也就是我们经营的重点。

畅销书《80／20定律》一书的作者理查德·科克曾谈到他在牛津大学的经历，可以算是应用“二八定律”的一个经典案例。理查德在牛津大学读书时，学长告诉他：“没有必要把一本书从头到尾全部读完，除非你是为了享受读书本身的乐趣。在你读书时，应该领悟这本书的精髓，这比读完整本书有价值得多。”这位学长想表达的意思实际上是：一本书约80%的价值，在约20%的页数中就已经阐明了，所以只要看完整部书的20%左右就可以了。当然这种方法不能适用于阅读所有的书籍，有些书还是要从头到尾细细阅读的。

理查德很喜欢“二八定律”这种学习方法，而且之后一直使用它。牛津大学并没有一个连续的评分系统，主要依据课程结束时的期末考试裁定一个学生在学校的成绩。理查德发现，如果分析了过去的考试试题，把所学到知识的20%左右，甚至更少的与课程有关的知识准备充分，就有把握回答好试卷中约80%的题目。这就是为什么专精于一小部分内容的学生，可以给主考人留下深刻的印象，而那些什么都知道一点但没有一门精通的学生却无法获得考官的青睐。这个发现让理查德即使没有披星戴月终日辛苦地学习，也可以取得很好的成绩。

所以聪明人应该讲究效率，而不是一味地盲目努力。我们在现实生活中可以发现，尽管约80%的人只得到约20%的收获，但他们大部分是非常努力和勤奋的。很多人拼命去挣钱，但事实上真正拼了命也挣不了多少钱，这说明努力并不必然地带来丰厚的报酬。约占20%的少数人能得到约80%的收获，但他们也未必都那么勤奋，仔细观察可以发现，他们只是在做事的方式上符合了一定的规律而已。可见，人人都应该依照一定的规律去做事，而不是像头老黄牛似的单纯地低头向前拉车。

最好的爱情，是两个人一起变得更好

“一见钟情”其实挺靠谱

古今中外的名作佳话中不乏初见倾心的浪漫故事：罗密欧与朱丽叶在宴会上相遇的一瞬间，就互生爱慕抛却家族仇怨；白素贞于西湖边邂逅同船的许仙，便欲一世相守恩爱缠绵……一见钟情美则美矣，但是，现实中的人们还是不禁要怀疑：瞬间产生的爱情，能够相信吗？可以长久吗？

实际上，一见钟情还是因人而异的。有的人经常一见钟情，而有的人却从来不会一眼就爱上一个人。当然，也有的人一生就只一见钟情过一次，最后就能幸福地和对方厮守到老，这样的例子也并不少。那么，人到底为什么会一见钟情呢？

从生理学角度来看的话，有人认为是体内基因不同，异性双方有可能通过“气味”互相吸引而终成眷属，也有人认为是“爱情物质”如多巴胺、肾上腺素、苯乙胺、内啡肽等的作用，其中苯乙胺最为突出，它是神经系统中的兴奋物质，一旦遇到所爱慕的人时，体内此种特质就会起作用，一个动人的微笑就会呈现于脸上，一种晕眩感突如其来，从而产生“一见钟情”。也有人认为，当男女双方在荷尔蒙产生的高峰期相遇，就会产生“一见钟情”。这是生理上的因素导致的。

而除了生理方面的解释，心理原因也能导致一见钟情。

认知心理学认为如果对方的眼睛、鼻子、嘴巴等器官和自己的相似，我们就会对对方产生亲近感，这种亲近感是发展爱情的基础。另一种说法是有人会对和自己免疫类型完全不同的人产生好感，他们能从对方身上感受到一种“传达物质”，这种物质也能促进爱情的发展。的确，人类想寻找自身所不具备的免疫类型，这从生物学的角度也能解释。非常有趣的是，这两种说法是完全相对的：前一种说法认为，人会对与自己相似的异性一见钟情；而后一种说法认为，人会对与自己不同的异性一见钟情。

而社会认知理论则认为一见钟情是由于第一印象的晕轮效应综合作用的结果。第一印象是指素不相识的人在首次交往时形成的初始印象，主要根据对方的表情、姿态、身材、仪表和服装等形成的印象。第一印象在人际认知、人际印象形成过程中会产生“先入为主”的作用，从而奠定对人认识和印象的基础。“晕轮效应”又称“光环效应”，指人们对他人的认知判断首先是根据个人的好恶得出，然后再从这个判断推论出认知对象的其他品质的现象。如果认知对象被标明是“好”的，他就会被“好”的光圈笼罩着，并被赋予一切好的品质；如果认知对象被标明是“坏”的，他就会被“坏”的光圈笼罩着，他所有的品质都会被认为是坏的。当人们看到某个人在某一个方面很突出时，就会很欣赏和崇拜这种特征，给我们留下良好的第一印象。而且，因为晕轮效应认为其他方面也会很好，这样我们就会欣赏并愿意和这种人更多的因素杂糅在一起，就产生了“一见钟情”。如修德克尔所说："崇拜是恋爱发动状态的征服者，崇拜在恋爱的萌发中扮演着极其重要的角色。"

由此可见，一见钟情并不是简单地一下"爱昏了头"或者"被勾了魂"，从一个眼神里、一次邂逅以后就爱上一个人还是有诸多根据的。生理上的反馈、心理上的映射都决定了有些人容易"一见钟情"。

但是，一见面就情投意合只是恋人之间爱情萌发的一个契机，仅仅因为浪漫美好的轻轻一瞥、简单温馨的一句问候就决定要步入到婚姻生活的决定其实并不理智。真正的生活不是突如其来的晕眩感或亲近冲动就能够长期维持的，琐碎的生活细节、繁重的现实压力会让初见的美好渐渐演变成一种普通的平淡，甚至到相看两相厌的境地。爱情或许需要一点崇拜，但恋爱的双方是平等的、是需要相互尊重的，因而让"一见钟情"中的崇拜转换成自信和互信在恋情中极其重要。人们常常感怀"人生若只如初见"，就是由于岁月流转，烦恼和冲突使得感情变质，所以说，"一见钟情"的恋人们，一定不要耽溺于虚幻的美好中，彼此的了解、个性的契合、相互的包容扶持才是爱情长久保鲜的诀窍。

为什么恋爱不能相信感觉

没有爱情滋养的人生，是灰暗的人生。爱情对于一个人来说，是非常重要的。可是，人为什么会喜欢另外一个人呢？喜欢一个人，需要理由吗？

电视剧《冬季恋歌》中有个情节非常耐人寻味。民亨问玉真到底喜欢尚赫哪一点，结果玉真列举了尚赫的种种优点。民亨听后笑了，他说玉真喜欢尚赫的地方太多了，其实喜欢一个人时，不需要什么理由。

不过，真的是这样吗？心理学家认为，人喜欢另一个人是有原因的，并对此进行了各种各样的研究。心理学家研究出来的恋爱理由，不仅多而且很复杂。这里给大家举几个具有代表性的恋爱理由。

1.身体的魅力，匹配更有吸引力

身体的魅力，简单地说就是一个人容貌和身姿的魅力。你肯定认为，漂亮的人桃花运也会更好。心理学的很多实验也证明，身体魅力高的人更容易获得异性的青睐。但是，是不是身体魅力高的人就一定会成为别人的恋爱对象呢？

事实上，大多数情况下，人更愿意找与自己身体魅力相当的人谈恋爱。虽然大家都想与身体魅力高的人谈恋爱，但是如果对方的身体魅力高出自己太多的话，就会想："对方的容貌太出众了，我配不上他（她），而且如果我开口的话，肯定会遭到拒绝"，这就打起退堂鼓了。于是，大多数人会找与自己条件差不多的异性谈恋爱。心理学将这种心理称为"匹配假说"。

2.性格方面，各有所好

性格，也是我们寻找恋爱对象时一个重要的衡量因素。任何人找伴侣，都喜欢性格好的。可是，到底哪种性格算是好性格呢？对性格的喜好不能一概而论，其中存在较大的个人差异。

美国学者安德森曾经做过一项调查，研究人们喜欢哪种性格。他准备了555个形容性格特性的词语，然后请100名大学生给这些词语评分，评分标准分0～6七个等级。结果显示，得分较

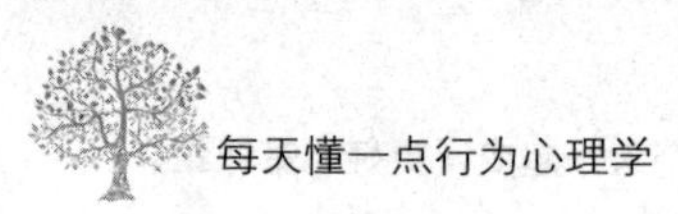

高的是“理性”“可靠”“忠实”“诚实”“正直”“善解人意”“可以信赖”和“心胸宽广”等，而“爱撒谎”“卑鄙下流”等得分则最低。

3. 行为模式，寻求相似

曾经有一对陌生男女，在家用电器卖场的电视机专柜前被同一个电视节目所吸引。当他们发现对方和自己喜欢同一个节目时，互相产生了好感，后来竟然成了情侣。

当人的喜好、价值观、金钱观等相似的时候，好感便容易产生。所谓陷入爱情的“相似性原因”，便是指人的态度、行为模式的相似性越高，就越容易彼此喜欢。反之，两个人兴趣爱好、行为模式相差很远，就很难发展恋情。美国心理学家经调查发现，即使一对情侣都喜欢体育运动，如果各自喜欢的项目不同，他们最终也不容易走向婚礼的殿堂。

此外，如果对方比自己稍微优秀一点，对对方充满尊敬，那么相似性的效果会加强，自己更容易喜欢上对方。如果两个人相似性比较多，在谈话中能够找到共同的乐趣，那么人的认知会达到一种平衡的状态。如果这种状态能保持下去，彼此的爱恋会更坚定。

4. 了解对方心情，好感的回报性

情侣分手时，我们经常能听到这样一句话：我根本就不了解你在想什么！反过来看，恋爱关系中非常关键的一点是彼此了解对方的心情。在恋爱开始时，了解对方喜欢自己的心情也是非常重要的。对于喜欢自己的人，我们有一种容易喜欢上他（她）的倾向，即接受了爱情，我们也想用爱情回报对方，这叫作“好感的回报性”。

5. 同调行为，爱被“逼”出来

当孩子们进入高中或考上大学之后，会发现身边的朋友都开始谈恋爱了。受同调行为的影响，在这样的环境中，自己也想找个人谈恋爱。当周围朋友中谈恋爱的人数逐渐增多时，人的同调行为会逐渐转变成一种强迫观念，认为自己非谈恋爱不可。于是，很容易就恋爱了，即使有时对方并不符合自己恋爱的标准。

6. 自己的心理状态

一位漂亮、可爱的异性出现在自己面前时，我们并不一定会喜欢上对方。这主要取决于自己当时的心理状态。在一定的兴奋状态下（比如心情很好的时候），人就有种想找个人谈恋爱的冲动。想找个人陪的心情叫作“亲和欲求”，当人情绪不安的时候，亲和欲求就会高涨起来。所以，寂寞或落寞的时候，更容易深陷恋爱之中。

看完以上分析，不妨也回忆分析一下自己的恋爱经历，自己是什么时候坠入情网的？对方哪个方面对自己的吸引力最大？是不是突然发现“喜欢你，并非没道理”呢！

为什么明知道完美恋人不存在，我们仍在寻找

爱情是什么？说不完的甜言蜜语？数不尽的珠宝首饰？看不清的未来蓝图？

如果我们不知道什么是爱情，怎样选择爱情，那么，我们就来看看苏格拉底的答案。

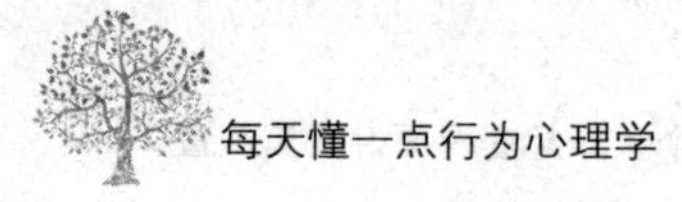

一天，柏拉图向老师苏格拉底请教什么是爱情，苏格拉底就叫柏拉图去麦田里捡一棵最大最好的麦穗回来，只能捡一棵，而且要不回头地走。结果柏拉图两手空空就回来了，苏格拉底问他为什么。柏拉图解释说：自己在麦田看到很多又大又好的麦穗，而他以为后面还会遇到更大更好的麦穗，所以直到走出麦田也没捡一棵麦穗。

苏格拉底告诉柏拉图这就是爱情。

有一天，柏拉图又问老师苏格拉底什么是婚姻？苏格拉底叫他到杉树林走一次，要不回头地走，在途中要取一棵最好、最适合当圣诞树用的材料，但只可以取一次。柏拉图有了上回的教训，充满信心地出去。半天之后，他一身疲惫地拖了一棵看起来直挺、翠绿却有点枝叶稀疏的杉树。

苏格拉底问他："这就是最好的树吗？"

柏拉图回答老师："因为只可以取一棵，好不容易看见一棵看似不错的，又发现时间、体力已经快不够用了，也不管是不是最好的，所以就拿回来了。"

这时，苏格拉底告诉他："这就是婚姻。"

这则故事就是心理学上的"苏格拉底的麦穗原理"，它说明，对于婚姻来说，最合适的就是最好的。我们进行决策时，其核心并不在于结果的最优化，而是决策过程的最优化所得出来的合理结果。著名心理学家西蒙提出人的"有限理论"的观点认为，人们的认识是有限的，因此往往会以更简单、更节省脑力的"满意原则"取代"最佳原则"。这是很有道理的，人们做判断和决策的时间往往是有限的，很多时候容不得斟酌再三，只能追求让自己满意的。

婚姻也是同样的道理。

我们都知道，天下人都爱鞋，却各有所好：或喜华丽的，或喜名贵的，或喜普通的，或喜舒适的……至于穿上的感觉如何，就只有自己的脚知道了。有的鞋看上去华丽名贵，穿上脚却不舒服，穿的时间长了，甚至会伤到脚；有的鞋看上去虽然粗俗普通，但它舒服耐穿，适合长路远行。别人看到的是鞋，感受到的是自己的脚。当我们穿上一双舒服合脚的鞋时，将能轻松上路、健步如飞；当我们穿上一双不合脚的鞋时，将会负重而行、步履蹒跚。

婚姻就是我们一生当中最重要的鞋之一，不仅要合脚舒适，更要经得起人生的磨损。

有人说脚正不怕鞋歪，这还要看穿在什么人的脚上。虽然说得有道理，可是去适应这样一双鞋子，脚需要磨出多少血泡，穿的人又需要忍受多少痛苦，到了最后百忍成金，而这双鞋子也已破得不成样子，就如婚姻已经残缺，再想修补，也是不太可能了，最终只得抛弃这双鞋子，结束这段婚姻。

婚姻是因为相爱也是因为适合而让两个人相依相守，流行的东西不见得都适合自己，当然流行感冒更是越远越好。现在就连鞋子也已经返璞归真了，更多的人喜欢轻便的平底鞋，而衣服也少了些花哨，多了些简约。我们的眼睛也不要光盯在那些华丽的鞋上，其实，简单合适的鞋子更容易搭配衣服，这也越来越成了社会的共识。如同婚姻，不是给别人看的，而是关系到自己一生一世的幸福。只有适合自己的才是最好的。

爱你的人，会在汹涌人群中握紧你的手

恋爱的时候，对方如果嘴上说着对你的爱有多深，但在公众场合或者人多的地方却对自己放手而去。那么，这样的恋人，我们还能够相信下去吗？

有一位心理学家做了这样一个实验：故意试着从对面走过来的两个人中间穿过，然后看看这两个人的反应。那么这两个人会有怎样的反应呢？结果显示，会共同偏向一边的男女组合有80%以上，女性组合有60%，而男性组合只有40%。并且，两个人关系越亲密，一起偏向一边的可能性就越大。

从心理学的角度解释，公共场合和私人空间有着截然不同的意义。当我们处在公共场合，事物多了注意力自然就容易被分散，会很自然地关注自己意识中长期习惯性关注的内容，可能是走在身边的这个特殊的人，也可能是街对面的广告。

所以，如果你想知道恋人对自己的心意，就可以和他一起在人来人往的地方走走，观察对方的反应。对面有行人走过来的时候，如果他偏向你这边，或者把你拉到他那边，就说明他对你有好感，或者是他希望获得你的好感。如果对方一个人闪到一边，或者先走，而让对面的人从两人中间穿过，那说明对方可能对你的感觉并不是很深，或者说爱意和亲密度不是很够。当然，有时候也许会有偶然，你也可以多试验几次。

另外，你也可以从走路的速度了解对方的心意。如果两人在一起逛街或者同行，对方把你放在一边，一个人大步流星向前走，这样的态度如果不是对方正跟你生气，就是他并不那么重视

你。特别是在去电影院的路上，“再不走快一点，就没有好位子了哦”，有些人可能会对恋人说出这样的话。这说明和你比起来，对方似乎对电影更感兴趣。不要听信对方所说的“我只是走得比较快罢了”，因为，即使是平时走路很快的人，只要和喜欢的人走在一起，也会很自然地放慢脚步，保持步调一致。

最后，给女性朋友提一个建议——约会的时候，穿上高跟鞋。这样，不仅会提升外形的美型度，还可以在站立不稳的情况造成一种似弱柳扶风般的风姿，会让男友多一分怜惜和关注。有的时候，女性还可以用一些借口直接“挂”在男友身上，一点小撒娇，一点小情趣，让两人距离更近。

为什么我们会爱上和父母相像的人

仔细观察一下我们的周围，有一个现象很常见：很多人从伴侣身上都可以找到自己父母的影子。例如，一个人的妻子跟他的母亲有很多共同点，而这个人与他的岳父也有诸多方面的相似。这种现象的产生主要与心理学精神分析学派中提到的俄狄浦斯情结有关，也就是我们常说的恋父、恋母情结。

每个人对于父母的某些特质都会很欣赏甚至崇拜，而当遇到拥有这些特质的人时，就会不自觉地产生强烈的好感，以至于在日后回忆起来的时候常常会觉得：“我也不知道为什么喜欢他（她），就是觉得他（她）身上有一种很吸引我的特质。”其实，这就是俄狄浦斯情结的影响。

正上大二的肖红一直很困扰，刚上大学就开始跟现在的男朋友交往了，两年了，总是觉得男朋友有“恋母情结”。

肖红跟男朋友在一个城市读书，但是见面却非常少。因为男友每个周末都要回家陪妈妈。每次回家后，男友都不希望肖红打电话或发短信给他，原因是怕他妈妈会生气。男友陪着妈妈一起逛街，买东西，外人看起来他们在一起竟比跟肖红在一起更像恋人。而每次聊到什么话题，男友也经常会说他妈妈最不喜欢怎样怎样，他妈妈最讨厌怎样怎样。男友的朋友有时无心说起肖红有点像男友的妈妈，这更让肖红心存芥蒂，究竟他是不是因为恋母，才选择跟她在一起的？

显然，肖红的男友存在一定程度的“恋母情结”，即俄狄浦斯情结。有恋母情结的男性，很可能是一个没有主见、缺乏进取精神的男性。因为这种男人非常害怕失去母亲的爱，所以一直是窥测着母亲的脸色，抑制自己的主张，专门为了母亲的满意而生活着的，由于过于依附母亲，其思维方式和言谈举止都容易女性化。带着这种生活态度进入社会，也是一个懦弱的人，没有别人的指令，就不能行动，缺乏自主意识，精神容易慢性萎缩。

有恋母情结的男性和女友或妻子的关系往往不融洽，男性有恋母情结的，听到女友或妻子说母亲的坏话，会达到无法忍受的程度，甚至自己也有种莫名其妙的罪恶感。为此，会常常与女友或妻子怄气，感情的裂痕会越来越大，最后达到不可收拾的地步。

不光女性会遇到恋母情结严重的男友，男性也可能遇到作为“父亲上辈子情人”的女友。这样的女友会更容易爱上与父亲相似的男性，甚至不自觉地将自己的男友或丈夫与依赖的父亲做比较，从而苛求男友也具备自己父亲的特质。

根据弗洛伊德所说，在青春期时男孩们在潜意识里渴望占有他们的母亲，会敌视他们的父亲；而女孩会爱上父亲，敌视母亲。而这样的情结如果没有得到良好的解决和疏解，则会影响到成年后的心理。所以，如果你内心有恋母或恋父情结，当碰上与你母亲（父亲）特征相近的人，你会很容易产生好感并愿意接近，也更容易在这种人身上找到从父母那里延续而来的安全感。

这种类型的恋人之间的爱情总是毫无预兆、自然而然地发生，也常常是无法抗拒的。它让当事人毫不拘束、敞开心扉，但同时又敏感脆弱。这种强烈的爱情关系能否成功，取决于个人给予和接受爱情的能力及童年的经历。

这就是为什么很多人一直在找相似的对象，而周围的人会说你所有的男友或女友在某些方面都很像，仔细观察就会发现，这些人的原型其实就是自己的父母，这也就是为什么相恋的人总能在对方身上找到自己父母的影子。

在男女恋爱中，如果父母的影子投射过于严重，并不利于伴侣间关系的维持。要克服恋母情结，首先要改变对母亲的态度，即不把母亲作为依存和撒娇的对象，而是作为被照顾的对象，不是让母亲听自己诉苦，而是听母亲诉苦；不是向母亲要零花钱，而是高兴地把自己的钱送给母亲花。总是被别人体贴、宽容，就永远长不大。如若无法克服，女友或妻子的感受始终被置于母亲的感受之后，那两人的感情关系将无法长久，也难以和谐。恋父者同理。了解到自身潜在的意识后，要正确认识父母与伴侣所扮演的角色，处理好与他们的关系，展开更为成熟和自由的生活。

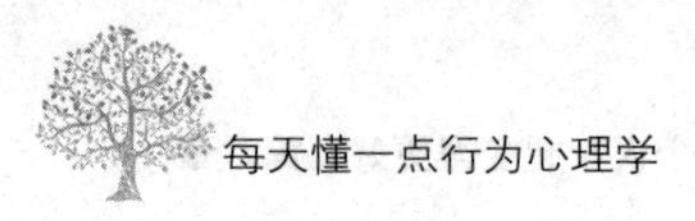

心跳的感觉，可以人为制造出来

有人说："在对的时间遇见对的人，是一生幸福；在对的时间遇见错的人，是一场心伤；在错的时间遇见对的人，是一声叹息；在错的时间遇见错的人，是一段荒唐。"在这样的相知相遇中，我们往往用心动来判定一份感情的开始。但是，我们是否曾想过，这份心动里到底有几分真，几分假？

有人做过这样一个实验，研究者让两位女助手分别在两座桥的桥头等待他人，一座是安全木桥，一座是颇具危险度的吊桥。女助手被要求去接近18～35岁的男士，时间则被限定在他们走过桥头的时候。女助手要同那些男士交谈，并请他们填写一张简短的调查表，同时告之这项研究的相关事宜，并把自己的名字和号码写在小纸片上交给对方。

实验结果显示，几天后，走安全木桥的16位男士中只有2个给女助手打了电话，而走过吊桥的18位男士中几乎有一半主动与女助手联系了。

当然，这些"主动者"不太可能是一夜之间就对心理研究产生了兴趣，更合理的解释则是——这位女助理的魅力。但是，为什么安全木桥和吊桥之间又产生了如此大的差距呢？为什么吊桥上的男士明显比安全木桥的男士对她更感兴趣呢？

研究的答案就是：两座桥的摇晃程度不同。

人们经过吊桥的时候，会因为不稳定感和不安全感产生一些生理反应，如下意识屏住呼吸、心跳加快、冒出冷汗，异常紧张，而这些都是肾上腺素上升的反应，大部分男士将这种反应和紧张感转化为一种浪漫情怀。同时，研究还表明，行走路径的选择也分类出了这些男士的性格特征，选择吊桥的人比选择安全木桥的人更具有冒险精神和主动意识，他们都是相对更勇敢的人。所以，心理学将这种把生理上的紧张感转化为浪漫感的状态称为“吊桥效应”。正如这种心理现象所表达的，我们在与人交往的过程，往往会不由自主地受到外界环境的影响或干扰，但是，这种微妙的信息发送和接收，可能是我们本身很难察觉的。所以，很多时候，我们所说的心动到底是什么，或许我们自己都很难说清。但是，我们很难否认，自己会下意识地仅凭一种生理反应就可以判定对交往对象的好感度。

所以，爱情中的心动，或许有很多复杂的成分在其中，而我们的感情或许也没有自己想象中的那么单纯和理智。

爱情本身并不简单，它就好比一锅大杂烩，是百种滋味的纠结和融合。而要让这锅大杂烩更美味，各种材料都入味三分，我们最好多一份心理准备和技巧。

无论是在恋爱或是婚姻中，想要得到真挚的爱情，恋人之间就要相互观察、了解乃至考核。只有经过多方面的观察、了解、考核，才能从外到内认识对方的本质和理念，并由此做出判断：能否与他/她共度一生。无论在选择恋爱对象的时候，还是在恋爱之中，我们的智商都不能降为零。不要不爱，也不要太爱，更不要因爱淹没了自己的人格和理性，要明白“过犹不及”的道理，要时刻谨记：人的心需要一把“适度原则”的铁锁，来锁住那些不必要的悲剧。无论有多么的狂热，一定的理性还是需要的。把这种理性化为一种力量和智慧，不要让自己轻易变成别人手中的玩物和傀儡，也不要抱着一种非君不可的牺牲精神去飞蛾扑火，而是要让自己坚强得如同一座堡垒，不会让爱成为自己的弱点和软肋。

同时，在处理人际关系时，我们也可以利用这种吊桥效应来制造好感。偶尔制造一些紧张感，然后再在适当的时间展示自己。

为什么爱情中总是男人找妈，女人找爸

最近西方媒体宣称：“每一个自信的女人都需要一个小跟班！”这里说的是女人而不是女孩，是幼齿小跟班而不是社会上的精明男人。于是，这便有了新时代“轻熟女＋幼齿男”的组合。

充满了物质欲望的都市生活常常让人觉得厌倦，只有人与人之间冷漠而又残酷的竞争，却看不到绝世的深情，这完全不符合轻熟女对爱情的想象。而幼齿男对待爱情的干净和纯粹，能让轻熟女不知不觉地放下心里的戒备，走进温馨而又甜蜜的情感世界。幼齿男同时也能带给轻熟女一种荣誉感。他可能像孩子一样，在人们的期待中逐渐成长和成熟起来。从孩子般清澈的目光到一个被人仰慕的男人的审视，幼齿男的蜕变过程能让轻熟女变得骄傲和自豪，而这种心理上的满足，完全不是对鲜花和钻石的虚荣能够填补的。

轻熟女是介于熟女和生涩女之间的一类女性，她们有着更

加细腻的心理状态，对待感情和两性关系的态度，既成熟稳重又充满了青春的幻想。她们有一定的经济基础，不依靠男人也能很好地生存下去；她们有一定的职业规划，做什么事情都很有条理，即使是对待两性关系，她们也希望能够遵循一定的规则，而不是单纯的女人依靠男人，女人成为男人的附庸。这类女人，不会有一夜情但希望有情人，她们不需要钻石来度量爱情，而是希望真正实现心与心的对接，是真正渴望爱情能够摆脱世俗的一群人。

“轻熟女＋幼齿男”的恋情，让人既沉醉，又有一种冒险感！因为幼齿男的青涩，难免会有一些任性、调皮和叛逆，他们很容易受到身边朋友的影响，而跟轻熟女的关系时常处于依赖和被依赖的关系。这时，对于掌控恋爱主导权的“大姐姐”来说，就是一种挑战了。那么轻熟女应该怎样去应对这样的局面，将艰难的爱情变成一块福田呢？

最好的答案可能就是：要像姐姐一样去引导他们！

既然年纪上不占优势，那么那些专属于小女孩的任性和胡闹自然应该远离她们。“姐姐恋人”要做的就是展现姐姐般的干练、智慧和温暖，要展现的是一股“熟苹果般深厚的香味”，而不是鲜花肤浅的流香。要在男人疲惫的时候张开温暖的怀抱，用姐姐般的善解人意来缓解他的压力和抑郁。虽然女人外表柔弱，但骨子里带着几分韧劲，随着阅历的加深，这种坚强会越来越明显，对男人更有包容力和理解力。

为什么这种“姐弟恋”会成为一种流行趋势呢？

从心理的角度来看“姐弟恋”，女性作为主体，往往是“母性”在起关键作用，表现为对他人的关爱，这是有生物学基础

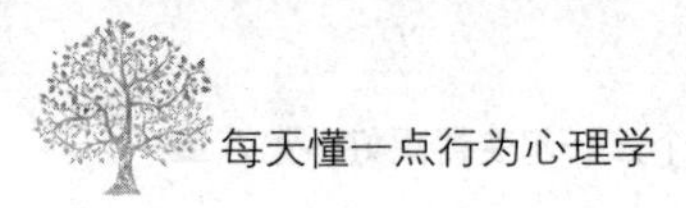

的。女性在新生命的孕育和哺乳过程中，把这种特征延伸到生活中，成为“姐弟恋”的心理学基础。

从女性的角度来说，“关怀强迫症”易于导致“姐弟恋”。“关怀强迫症”原意是交互依赖，这里指“依赖别人对自己的依赖”，即总是自觉不自觉地不断向别人提供关怀和帮助，从对他人的关怀和帮助中得到满足和自我认同，享受由此产生的道德优越感，否则就会有强烈的自责和痛苦。当女人在心理上出现这种倾向时，她们就很容易将这种关怀转嫁给比自己小的男人。

而从男性的角度来看，成熟的女人是心灵的捕手，理性但不冲动，会疼人，也更懂得含蓄。所以，成熟的女人更容易成为男人的红粉知己，知冷知热，懂得把握分寸。给关怀，但不给借口；给感动，但不会让男人变得冲动。女人掌握不好火候，自己本身就是易燃物，遇上的男人如果同样是氧化物，那么两个人之间的爱情就会变得很危险。

轻熟女能够在事业上给予小男人帮助，她们懂得拿捏人与人之间的关系，对工作和人生有着独到的见解。小男人在遇到迷茫的时候求教，轻熟女会不自觉地拿出耐心来指导，这种被人需要的满足感，就如同母爱般无私。但是轻熟女并不会对小男人宠溺，她们会懂得三分爱留给自己，七分爱留给男人。这样不但不会让小男人有过多的压力，同时也是一种力量的积攒——即便那七分爱被男人全部挥霍了，自己也还保留着三分热度。

渴望爱情，追求自己的幸福，有很多的表现形式，也有很多的实现方法，关键在于你是否真的决定用心去追求这份感情和维持这份温暖的热度。

在对方最脆弱的时候挺身而出

恋爱中最痛苦的莫过于单相思：喜欢你的人，你不喜欢；你喜欢的人，不喜欢你。正所谓“强扭的瓜不甜”，恋爱是两个人的事，勉强的感情不会幸福，只能造成彼此之间的折磨和痛苦。生活中有太多的不完美和无奈，每当人们情到深处，爱一个人爱到疯狂的时候，上苍似乎总喜欢捉弄人，难道“爱”的温度是零？“爱”不能温暖和融化对方的心吗？喜欢一个人最后却只能远远地望着他（她）吗？

生活中你是否也经历过这样的事情：某一个人深深地吸引着你，你愿意看他疯狂地踢球，然后悄悄装作球迷递上你的爱心饮料；你愿意看他忘我地打游戏，自己却装作陌生人坐在旁边陪着他；你习惯在同一条路上同一个时间等待他的出现；你希望有一天能跟他做朋友……但是，你发现他已经有心爱的人。

爱是私有财产，爱是没有先后、没有对错的。爱是勇敢的争取而不是卑怯的放弃。所以，要想抓住喜欢的人的心，首先要学会“趁火打劫”。

“趁火打劫”原意是趁人家家里失火一片混乱、无暇顾及的时候去抢人家的东西，趁机捞一把。所以，趁火打劫的行为一直为人们所不齿，乘人之危毕竟不太光明，非君子之道。但是，在爱情这场战争里，“趁火打劫”是指当对方在最失意、最痛苦的时候，送上你的温暖，这最容易打动对方的心。因为，一个人最脆弱的时候，如果有人陪着他（她），他们会感到异常温暖和欣慰，会因此敞开自己的心扉，甚至把你当成自己人，拉近彼此之

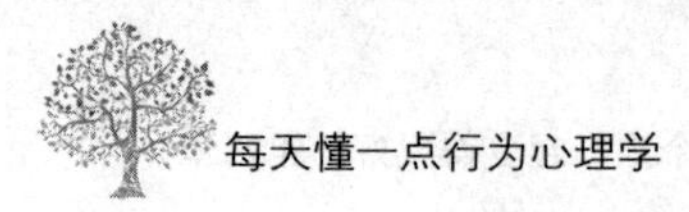

间的心理距离。其实，爱情本来就是自私的、盲目的、没有对错的，你不“趁火打劫”，自有其他人来“打劫”。爱情不施点小诡计，很难争取到自己想要的。因为，坠入情网的人都是戴着面具跳舞，彼此指尖可触，但是陌生又遥远。

在爱情中，要了解对方所需，在他（她）最需要的时刻提供帮助，但一定要心存善意和真诚，否则弄巧成拙，只会引火上身。此外，还要把握住“打劫”的度，千万不要让这个本来是联系感情的好时机变成对方厌烦你的时刻。

在《恋爱兵法》这部电视剧中，王文清和金正浩之间的“爱情战争”就经常采用“趁火打劫”这一招，王文清要负责欧阳明明的行程宣传，而金正浩要负责公司的管理，两人都有因为工作而焦头烂额的时候，所以，这时采用“趁火打劫”的一方往往能收到奇效，捕获自己的爱情。

电影《乱世佳人》中，白瑞德先生为什么坐在牢房里就能让斯嘉丽这位佳人自动送上门来？靠的就是这招“趁火打劫”，凭借着对大局的准确把握，在亚特兰大他几次架着马车、载着佳人冲出熊熊大火，然后在远处火光的映衬下向心上人索吻的举动，确是当之无愧的“趁火打劫”。白瑞德还经常在关键时刻表白：“亲爱的，我爱你，所以为你挨骂、玩绑票、装阅读障碍，甚至差点牺牲了可怜的企鹅朋友，即使你第二天就忘得一干二净，我也依然焦头烂额地日复一日——我打劫了你的爱，你偷取了我的心。”此情此景，心爱的他（她）能不跟你直接走天涯吗？

人是有感情的动物，或许很多人习惯冰封自己的心，总是一副拒人于千里之外的样子，让人无法靠近，但其实他（她）也应该一直在等待一份能温暖自己的“爱”。

我们要学会“趁火打劫”，在最紧要的时刻，最恰当的关头，最合适的尺度进行“打劫”，这样才能“劫”得自己的“爱”。

失恋不是忘掉他人，而是记起自己

恋爱，是人在年轻时最值得回味的记忆，那段美好的记忆会伴你一直到老，成为心中最珍贵的宝藏。然而，正是恋爱的美好反衬出失恋的痛苦，爱之深，痛之切，结果会影响一生。

“失去了爱，我便失去了整个世界。因此我活着就没有任何意义了……别了，亲爱的同学们。”某高校学生小飞在网络聊天室写下上述文字后，走出网吧，准备了结自己年轻的生命。

两年前，21岁的小飞在网上聊天时认识了一位名叫小妍的女生。小妍家在南方，她很忧郁，没有本属于这个年龄的朝气和浪漫。半年前的一次交通事故，夺去了小妍父亲的生命，从此她与母亲相依为命。母亲因生活压力太大，很少与她沟通，脾气也变得暴躁起来。渐渐地，母女间的隔阂也越来越大，经常为一点小事争吵。小妍认为母亲不再爱她了，为此，她曾几次自杀。在那些日子里，小妍非常怀念父亲。特别是上大学后，每当想起父亲时，她就会上网聊天，向一些陌生人倾诉自己的烦恼，直到遇见小飞。

小飞十分同情她的遭遇，并暗下决心要好好呵护她。于是，他们常常约定一起上网聊天、玩游戏。两颗年轻的心就这样慢慢

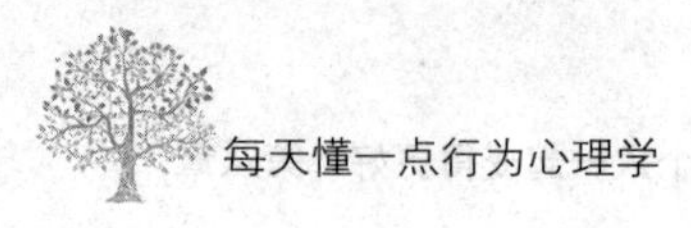

地靠近了。

过了一段时间后，小飞向小妍表白了爱意。小妍愉快地接受了。他们约定下一个假期在小妍所在的城市见面，如果都觉得合适就交往，没有感觉则分开。几天后，小飞如约前往。小飞的英俊和小妍的美丽让对方都非常满意。短暂的两天让他们体验了爱情的美妙。临行前，小飞对小妍许下了承诺："我要用一生来守护你，让你成为世界上最幸福的人！"

分开后，思念在小飞的心里如野草般疯长，他每天都给小妍打电话。新学期开始后不久，小飞接到了小妍的电话。小妍说他的爱过于沉重，考虑再三，决定提出分手。这对于沉浸在甜蜜喜悦中的小飞来说，无异于晴空霹雳。任小飞怎么努力和央求，小妍都断然拒绝了。遭受失恋打击的小飞，上课无神，目光呆滞，坐立不安，做什么事情都不能集中精神。经过心理分析后，心理咨询师认为因为小飞对自己的爱情和事业都没有把握，所以产生了焦虑、烦躁问题，做什么事情都无法专心，甚至想轻生。

心理咨询师对小飞积极引导，令小飞豁然开朗，知道爱情和事业都需要自己去经营，自己尽了力，也就无怨无悔了。积聚在小飞脸上的阴云终于被灿烂的笑容所驱散，经过几次心理辅导，小飞对失恋这件事已经完全看开了。后来，心理咨询师深有感触地说，小飞能很快从失恋的阴影中走出来，主要是靠他自己的努力。

小飞的这种情绪和行为在恋爱问题上是比较常见的一种形式，由于一下子接受不了失恋的痛苦，而对方提出的分手理由在小飞看来是不可接受的，也是大多数人在恋爱问题上的一个误区——觉得自己付出了多少，对方也就要付出多少，这样他们才是平衡的，否则就容易出现一些不合理的观念和想法。

由于小飞是第一次恋爱，缺乏经验，不太清楚女孩子的心理，而初恋给人的感觉和印象是人一生难忘的，所以在遭遇到第一次感情失败后会很痛苦，有些人甚至会出现一些极度自卑心理，认为自己是世界上最没用的人。失恋后，转移注意力是个比较好的办法，不要老是想着你们过去的点点滴滴，那样你只会更痛苦，把自己的时间和精力投入到自己的学习和生活中去，做一些自己感兴趣或是能够让自己开心的事情吧。人们一般都需要时间从失恋的阴影中走出来，可是大多数人都看不到这一点，想尽早忘掉对方，开始新的生活，可是我们忘得掉吗？摆正了自己心态，把这段恋爱经历当作一种美好的回忆不是很好吗？这也是小飞没看到的，其实，多给自己一点时间考虑，自己也不会有那样的想法，正是由于他太急切地想解决问题，而又解决不了，才会想到死。

正确看待失恋，不要把失恋看成是一切的结束，好像世界末日到了似的。以一种平和、客观的心态去对待失恋，要知道失恋可以转化为人生的一种财富，是自己成长的一种经历，也可以说是为自己的成熟付出的代价。要锻炼自己承受挫折的能力，不要轻易就被失恋给打倒了，要有战胜一切困难和挫折的决心和勇气。

失恋或许是磨炼人生的一种方法，我们要正确地看待它，才能做到变“忍受失恋”为“享受失恋”。

※…… 为什么我们会因为小事分手

一对即将步入婚姻的恋人也会走上不同路，只是因为双方不同的审美观。其实，男人与女人，又何止在审美观上存在差异呢？

BTV-3频道的《秘境观察》讲述了这样一个故事：

嘉嘉与男友最近正在准备结婚的新房装修，但是，从没红过脸的两个人居然因为装修大吵了好几次，而争吵的内容无非就是地板的颜色、书架的式样……几乎装修的每个细节两人都有不同意见。嘉嘉忽然发现，男友与自己的审美差异太大了。经过数月的折腾，装修终于完成了，但是，两个人都高兴不起来。之后，就在入住一个星期后，他们终究因为窗帘的颜色取消了婚事。

心理学博士约翰·格雷在他的《男人来自火星，女人来自金星》中提到，“两性关系中一个常见的问题是，当我们熟悉对方之后，我们总认为自己对对方的言语行为的理解是非常正确的。我们以为自己知道对方所表达的意思，殊不知经常误解对方的真实意图，并且习惯匆匆得出错误结论”。意思就是，很多时候，男女双方其实都并没有真正地了解对方，而这种不理解的根源则是男女的性别差异。

生活中，我们常常会发现这样的现象：面对压力时，男人可能会不停地抽烟、喝酒，或者一直默默无语，而女人则会选择购物或者向别人倾诉；女人常常觉得男人比较粗心，不会照顾人，在表达爱意方面显得很笨拙；男人则常常会觉得女人的方向感极差，觉得女人总是唠唠叨叨没完没了；男人对着电视不断地更换频道，女人则比较专注于某一档节目。

男人和女人对待事物的态度差异，曾被认为是文化熏陶和社会偏见造成的。但是，后来人们发现，在男女出生之前，大脑神经就有性别差异了。心理学家研究显示，掌管推理、决策等高级心理功能以及掌管情绪反应的大脑部位，在女性大脑中所占的比例比男性大；而掌管空间处理的部分，则是男性更有优势。女性掌管听觉和语言的大脑部位神经细胞的密度和数量多于男性。大脑的这些不同，在一定程度上也决定了男女天生的兴趣、偏好、思维、行动等方面的差异性。

经过一天的工作或者学习之后，男人的大脑会将每天发生的事情进行分类之后存档；而对于女人来讲，当天发生的所有事情会不断地在她的大脑中出现，思维不像男人那样条理清晰。所以，女人常常将这些事情说出来。她们并不是以解决问题为目的，而只是将问题摆出来。

我们已经了解了男女之间的差异及其产生的原因，那么，应该怎样缓和这种性别上的冲突，以促使两性更好地交流呢？

首先，为了更好地与异性相处，我们可以尝试“异性转换思维”，即时常思考一下，“当他/她遇到这种情况会是怎样的反应”。这就需要我们通过各种媒介获取一些相关信息，如可以多看一些关于两性的书籍、专业网站，以解答关于异性的一些疑问。

其次，最大化地发掘彼此的共性。就算是男女存在着性别差异，但那并不代表每个人之间就没有相同点。所以，我们在与异

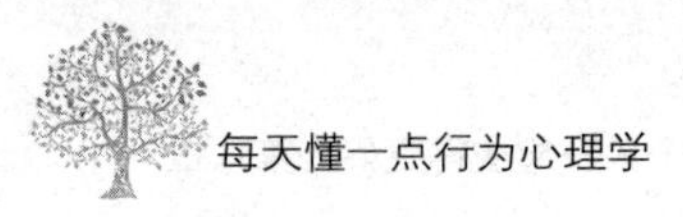

性相处时，应尽量发掘彼此共同的兴趣、爱好、观点。

最后，需要互相理解和尊重。无论男女哪一方，都不能强行要求对方的观点完全和自己保持一致。我们要理解对方的想法和观念，尊重彼此的人格和尊严，只要不是一些原则性问题，在一些零碎细节上，大可不必太过较真。

如果说男性是通过视觉选择女性，那么女性就是通过嗅觉选择男性。无论是恋爱前还是恋爱中，感情的调动是很复杂的，这种情绪或者说感受是一种全身的反应。心动的感觉，应该是感官和心灵的契合。

两个好人，却未必有好的婚姻

最牢固的感情，大都势均力敌

娱乐圈里很多女星退出圈子后总会嫁入豪门，成为“少奶奶”级人物。如果是那种年龄不符的“老少恋”，或者外形不搭的“美女野兽配”，尽管男方家财万贯，却仍旧让人倍觉可惜，直叹一朵鲜花怎么就插在金牛粪上了。按理说，女貌男才或者女貌男财，也算是不同优势的均衡了，那些外形抱歉的富豪也不见得很差。那么，到底是什么东西导致人们产生上述看法呢？长相出众难道就有这么大的优势吗？漂亮的脸蛋比经济利益更具有影响力吗？

香港导演文隽曾经在博客中这样评价女星沈傲君的丈夫：“身材不高，而且酷似潘长江。”之后网友千方百计找到沈傲君丈夫的照片，果然与潘长江有异曲同工之妙。

当林青霞与丈夫邢李并肩站在一起时，更显其丈夫“面目可憎”。但正是这样一个男人，让40岁的林青霞果断地结束和秦汉20年的感情，甘心为他退休生子。不过，也没有几个男人动辄以

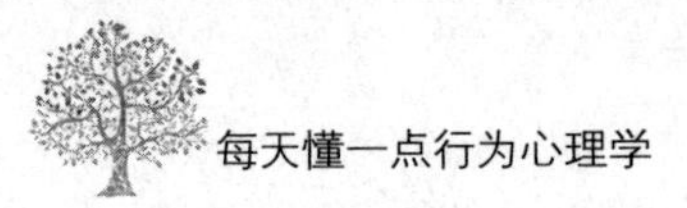

劳斯莱斯当礼物送给林青霞的。

漂亮的脸蛋总是十分具有吸引力的，所以，才有无数的男女为了出众的外形做出许多牺牲和努力，如对自己身体动刀的整容，让人瞠目结舌的各种减肥秘籍，等等。那么，一张脸的魅力究竟在哪儿呢？不仅我们人类世界，动物界也是如此，如对于雌鸟来说，羽毛亮丽多彩的雄鸟就比色彩黯淡的雄鸟更有吸引力。这是为什么呢？

从心理学来讲，美貌比其他优点更容易决定一个人在社交金字塔中的位置。我们常说“美女俊男”配对才是养眼的，所以，在选择配偶的时候，许多人都有与己相配的想法，而外人也会下意识地认可外形的和谐和统一，也就是所谓的“丑人配丑媳”“美女配英雄”（这里的英雄还是有一定相貌优势的），这种现象专家称之为“同征择偶”。很多人对美貌天生崇尚，用“光环效应”讲，就是认为一个美貌的人在性格、能力等方面也会存在一定的优势。人们对“美”的追求是出自天性的，因为视觉上的享受会向内传达，并转化为愉悦的情绪。这样的想法虽然没错，但如果“死心塌地”地“贯彻实行”，则可能发展成为一个不小的“悲剧”。所以，我们要时刻提醒自己，美貌会随着时间而枯竭，真正美丽的灵魂却能永驻人心。

在现实生活中，我们最好要控制一下“以貌取人”的择偶心理，不要片面地关注对方的外貌，而要更多地从对方的道德品性、家庭责任感、智慧才能、经济条件，还要从双方的性格特点、能否长久亲密相处等十分现实的问题来考虑。要知道，靠漂亮的外表产生的爱情，是短暂的。随着岁月流逝，爱情也会随着外貌的衰老而消失。正如歌德所说的：“外貌美丽只能取悦一时，内心美方能经久不衰。”

有一种爱，叫作长成了彼此的模样

两人建立亲密关系后，本来颇有差距的两人，变得越来越像，这就是“夫妻相”。有时让人误以为是兄妹，打听后才知道是夫妻，这让人不得不好奇——夫妻相到底是怎么来的呢？

张丽和萧源是广东某所中学的老师，两人相恋了三年，终于在2009年10月举办了婚礼。从恋爱到结婚，两人关系很好，相处得十分融洽。

但是，有一个奇怪的现象，不经意地被他们的同事和学生发现了，那就是两个人似乎越长越像。大家都说，这两人真是越来越有夫妻相了。真实的情况也的确是这样，张丽和萧源在兴趣爱好上面本来就有很多共同点，个性也很合。恋爱后，两人的生活习惯甚至神情动作都十分一致。张丽的学生甚至打趣地说：“两个老师都快成双胞胎了！”

不知道你是否发觉，生活中我们一直模仿他人。从出生后的说话行走、学生时代的知识接受、踏入社会的处事原则，可以说，我们是在模仿中成长出来的“原创”。

在和他人交往时，人们习惯性地都会给别人“贴标签”，即当与人见面时，会产生“我认为这是一个怎样的人”的印象。心

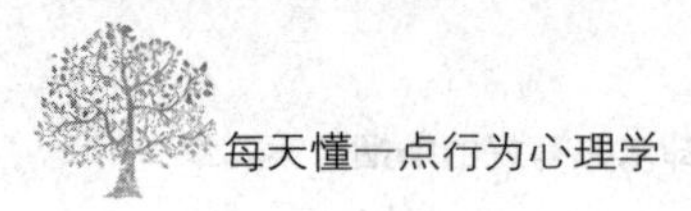

理学家弗朗兹·埃普丁解释说，当我们“被贴上标签”的时候，“我们就很容易开始按照人们赋予我们的期望付诸行动”。我们会去迎合由他人的判断而创造出的模式，即我们可能会变成别人期望的样子。在心理学界，这种期望被概括性地称为“变色龙效应”。

其实，两人确立亲密关系后，双方的生活习惯、饮食结构会趋于相同。时间久了，彼此相同的面部肌肉得到锻炼，笑容和表情也逐渐趋于一致，让两个原本有差异的外貌看起来也相似了。同时，饮食、生活习惯的相同，还会让两人患同一种疾病的概率大大增加。针对这样的现象，美国科学家的一篇新研究表明，无意识地模仿别人的动作、表情、口音乃至呼吸频率和情绪的“变色龙”现象，正是“夫妻相”的原因。我们的这种模仿，或者说对别人期望的满足，就是为了更好地与他人交往。变色龙效应的这种诡异作用，让我们在这个求大同存小异的社会中有了更大的生存价值。我们可以在各种人群、集体里面穿梭，然后大摇大摆地招手，“我们是同一国人”，这样的共同性就成了我们的保护色。就像自然界的变色龙一样，融入生存环境，不让自己成为狩猎的目标。

模仿这个问题，许多人对此嗤之以鼻，其实，若能成功掌握模仿的精髓，也将有利于我们走向成功和胜利。

首先，我们模仿技术。对于这个方面，我们要以模仿为前提，以创新为目的，不要陷入“一直被模仿，从未被超越”的雷区。就像美国管理学权威彼得·德鲁克在《创新和企业家精神》中曾经提到过日本对技术的吸取和消化能力，“即使日本人，现在也不得不超越模仿、进口和采用他人技术的阶段，学会由自己来进行真正的技术创新……”

然后，我们模仿人。要想打造自己的“让人喜闻乐见”的形象，我们就需要一个模板，或者说榜样。我们在模仿的过程中，去粗取精，张扬优势，克服缺陷，让自己趋向完美。人际交往中，大多数人更喜欢和自己有共同性质的人相处，因为他们会觉得彼此的生活方式更有共鸣性和感染力。所以，当你想融入一个团体，或者结识某个人时，适当地模仿，让对方注意到彼此的共通点，这也是一个人际吸引的小技巧。

……太安分的女人，其实是苦了自己

随着时代的发展，社会上出现了这样一群女人：她们“永不安分，不认命，不知足，喜欢冒险和走极端”，她们自尊自立，创意无限，一路吸引着男性的目光和公众的关注；她们关注未来，体验特立独行的挑战过程，身后留下的却是爱情和婚姻的一片废墟；在对自己能力的一次次发问和检验中，她们有时会碰得头破血流，同时让男权社会尴尬万分，但她们乐此不疲，永不言悔。这样的女人，我们就称为“作女”。

当代女作家张抗抗写过一本书，叫《作女》，这书名里的“作”读“zuō”，意思不容易说明白，举个例子就清楚了。比如，我们小时候，去找一个朋友玩，正好他不在，傍晚的时候突然碰见了，我们就会问：“你今天上哪儿作去了？”“作”有点不安现状的意思，跟“折腾”是近亲。而所谓“作女”，是对那些喜欢折腾、自不量力的女人的一种综合性的称谓。

不妨举一个比较有争议的“作女”例子——钟丽缇。混血儿的她红唇长发，面容似天使，身材如魔鬼，一双明眸兼具少女的妩媚与少妇的性感，为绝对的勾魂之作。没错，她是一位性感明星，但她最有魅力的地方是她清晰而自豪地宣布：“我离婚了，我爱我的孩子，为了我爱的电影，为了女儿今后的生活，我要裸露，但请不要亵渎一个母亲的袒胸露背。”丝毫无惧地面对人群的注视，她脱得坦坦荡荡，男人们惊艳惊叹的同时，女人们也在暗地里竖起大拇指，只因她自主、真实地面对自己。钟丽缇无疑是颇为引人关注的一位职业妇女，美艳、独立而且智慧，她信心十足地面对一切。

当今，商品的频繁更新换代、市场的残酷竞争，我们赖以生存的社会都在“作”，自然也就诱发了女人的“作欲”。实际上，“作女”们正好表现出女性内心深处的重重矛盾，女人对于青春和时间转瞬即逝的焦灼不安，以及由此产生的那种“作性”被释放的亢奋与“作欲”被压抑的无奈。

事实上，虽然“作女”这个词近年才出现，但“作女”这类人古已有之。唐朝的武则天就是一个当之无愧的“作女”代言人。像武则天这样的“作女”在古代可谓凤毛麟角，而现代社会“作女”的大量涌现却有它的时代背景。她们无视秩序的存在，标新立异；摒弃规则，她们不按常理出牌，变幻莫测，却赢多输少；她们特立独行，会爱得缠绵入骨转眼也会云淡风轻；她们不恨什么东西也不恨什么人，只是对这个世界充满无奈。她们像仙人掌一样在沙漠般的都市中郁郁葱葱地生长，没心没肺张扬着一身的刺，循规蹈矩的生活如沙砾般被她们踩在脚下，旁人眼中的她们从来就是异类分子，跟温柔敦厚根本不沾边。她们一会儿一个主意，一会儿一个想法，脑子转得比风车还快。她们做了什么决定立刻就付诸实施，再也不回头。

其实，我们应该学习“作女”，不要把自己束缚在重复和条条框框中，不要让那种死水潭般的日子将自己的水分吸干，不要让自己像机器动作一样地生活，我们要像一只在大大小小齿轮中四处扑腾的麻雀，不断地寻找出口，哪怕不断地失望，也要不断地碰撞和飞翔。我们要用鲜活的生命和躁动的灵魂，让青春和人生如河水一样流动、火焰一样闪烁。

“作女”们是一群自主自信的女子，她们比男人更加出色。

“作女”们我行我素，不在乎社会怎么评论。

“作女”们没有生活在幻想之中，她们习惯于用自己的智慧和汗水去赢得一切。

“作女”们身上集中了男人和女人的目光，从来都是传媒的焦点。

“作女”们改写了自己的命运，活得精彩。

在这个压力重重的时代，作为女性，我们何不“作”一回呢？如果婚姻变成藩篱，我们就可以像野马一样踢撞并突破障碍，虽然要忍受短暂的痛苦，但是我们还要继续充满勇气地面对接下来的生活和情感。我们要学会对人生热情似火，要懂得变通、决绝、敏感，对自己的所爱和理想更要兴致勃勃、不知疲倦地追求，我们不要过分地纠缠不属于自己的东西，但对自己的坚持也不要轻易妥协。

婚姻的死局：誓言太重，诺言太轻

一部分年轻小夫妻，恋爱时如胶似漆，只重浪漫不重现实，一见钟情很快就准备结婚。可是担负家庭责任的心理还不够成熟，独立养家的能力也没有具备，家庭收入不稳定，小夫妻能够共浪漫、共享乐却不能共患难。

王心如和付军都是独生子女，家庭条件都不错，家长给的零花钱比较多，两人养成了花钱大手大脚的习惯。大学毕业以后，两个人都没有固定工作，工作不开心就辞职，没收入就回去“啃老”。刚结婚的时候，两个人用父母给的钱买了房子，日子过得还可以。可是两个人没事都喜欢跟朋友聚聚，又都爱装大方，每次聚会都抢着埋单。长期没有收入，开销大，父母的供应渐渐不足。为了钱的事情两个人经常吵架，后来只能以离婚收场。

同时，许多年轻人观念开放，责任心却不强。有些年轻人找对象，见面不到几天就闪电结婚，结婚没到几天又闪电离婚，这不禁让人瞠目结舌。为什么会出现这种现象？这种“闪婚闪离”心理的现实原因到底在哪里呢？

张启明和静文是在一次朋友聚会上认识的。两个人一见面就擦出了爱情的火花，确定恋爱关系后就发生了肉体上的关系。不久，静文怀孕了，两个人就领证结婚。婚后，玩性不改的静文依然很晚才回家，常常跟朋友出去疯闹，将自己已有身孕的事抛之脑后。有一次，静文跟朋友一起跳舞时不小心摔倒了，导致流产，孩子没了。张启明本来就对静文婚后的表现不满，就以流产为由向静文提出了离婚。

这样的例子在年轻人身上并不少见。一些年轻人观念比较开放，爱了就在一起，发生关系也不避讳。不爱了就离婚，一点也不留恋。有些人即使是结婚了，也依然没有责任心，玩性不改，和很多异性保持暧昧关系。

从外部因素来看，离婚手续简单化也为“闪离”提供了便利。

年轻的离婚案件中，很少会涉及子女的抚养和财产的纠纷等问题，这使他们的离婚变得轻松和容易。现在离婚太简单了，以至于电视剧《奋斗》中的杨晓芸和向南大学一毕业就结婚，而结婚不到一年就离婚了，这一对之间的磕磕绊绊，是当前很多年轻“闪婚”族和“闪离”族的真实写照。结婚没多久，拿着证书，10分钟不到就把婚离了，这确实有点过于“简单”了。

闪婚的心理学基础是，人类的认知风格是存在差异的，当认知风格属于“同时性群体”——这个群体解决问题的特点是，采取宽泛视野的方式，同时考虑多种假设或者属性，将多重步骤的过程一步到位的完成。这样的认知风格，就容易产生瞬间冲动的“闪离闪婚潮”——恋爱自然就不是一步一步慢慢来的慢热型了。这种认知风格的人，把各种事情都综合考虑后，一步到位就搞定！

很多80后都是独生子女，从小受到父母过分的宠爱，凡事都很任性，在与人交往的时候缺少忍让性和宽容心。两个人在一起生活，难免会有一些磕磕碰碰，如一个人想看电视剧，另一个人却想看球赛；一个人想吃辣，另一个人却想吃甜……彼此发生矛盾的时候，谁也不肯让步。

一部分年轻人有很强的占有欲望，自己的电脑不想被别人碰，即使对方是丈夫或者妻子；自己的另一半不能跟别的异性多做交流，否则就会计较个没完没了。而且，年轻人对婚姻的要求很高，稍微有不满意，就提出离婚。

很多人虽然结婚了，可是仍然不能自己做家务。他们之中有些是在父母家里“蹭饭”的，有些是平时自己买着吃，等到了周末再去父母家，顺便把一周攒下来的脏衣物拿过去洗。可是，两个人过日子，难免会有一些外人帮不了的事情，自己动手能力不强，遇到一些小事就可能产生摩擦。

有些年轻人的婚姻如同赶场，可是剩女待嫁，本身就想寻找安定的生活，如果还在婚姻中不断颠簸，那么势必会弄得自己筋疲力尽。有人说“离婚如断骨，再婚如植皮，复婚如接骨”，纵使医术再好，也总要经历一番疼痛，而体内的瘀血如果没能及时清除，骨头之间势必会留下间隙而无法连筋。

所以，无论我们的思想有多开放，也不能把婚姻视为儿戏。当两个人决定彼此牵手进入圣洁的婚姻殿堂时，就应该要培养彼此对待爱情的责任感。不要对自己的婚姻无所谓，那是对自身人格和尊严的不尊重。相亲相爱、相敬如宾，如果有人认为这样的行为矫情，那么什么才是有意义的爱情呢？我们要看到自己步入婚姻的同时，肩上所承担的责任和重担，要尊重婚姻。

※…… 婆媳关系不好，你只是没有付出到点子上

半夜11点多，有人敲门，谭辉在书房听到妻子喊自己，原来是谭辉的表妹张靓依来了。她提着行李，满脸泪痕地坐在沙发上。

“你怎么了？”谭辉妻子关切地问。

“我跟我婆婆大吵一架，跑了出来。我先来你们家住几天，躲躲她。”张靓依咬牙切齿地说。

张靓依结婚后一直和婆婆住在一起，两人常有矛盾。谭辉曾劝说表妹和婆婆暂时先分开住，但她说婆婆早年丧夫，独自把儿子养大，现在老了，不忍心让婆婆一个人住，所以，磕磕绊绊也就一直这么过了下来。

谭辉见过表妹的婆婆，那是个悲观的老太太，自从失去丈夫后，她就陷入了一种孤独与痛苦之中，脾气也变得暴躁，经常找碴。“我该做些什么呢？”谭辉的表妹时常向他和他妻子哭诉。谭辉安慰她说，时间长了，婆婆的伤痛和孤独会慢慢减缓消失，也会开始新的生活——从痛苦的灰烬之中建立起自己新的幸福。所以，谭辉一再劝表妹与婆婆分开住。

但张靓依始终没把谭辉的话听进去，期间谭辉也断断续续听张靓依提过，她的婆婆对儿子管得很严，有时半夜还把儿子叫去聊天；看到表妹和她儿子有什么亲昵动作，就在一旁冷嘲热讽，然后含沙射影地哀叹自己孤单可怜。

俗话说得好：找一个什么样的老公不是最重要的，重要的是找一个什么样的婆婆！如果碰上个“恶婆婆”，那就有“受不完

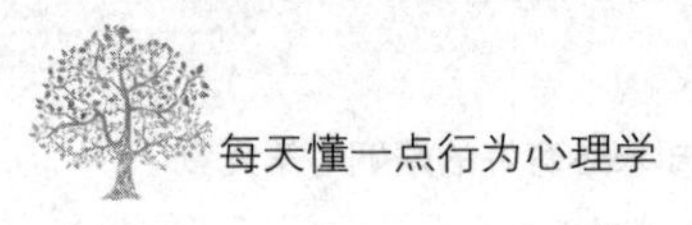

的罪”了！

张靓依婆婆的行为显然是由于悲观情绪造成的孤僻，使得张靓依和她相处困难，终于恶化到了反目离家的地步。一般情况下，单亲妈妈因为和子女相依为命，她们对子女有一种本能的护犊情结，这也是张靓依和婆婆之间的矛盾所在。两个女人都想独占一个男人，自然无法和平共处。其实，这只是老人对孤独感的一种恐惧，如果任由这种孤独感发展下去，很可能就会造成老人心灵的“扭曲”。所以，多和老人沟通，让他们明白，晚辈并不是只能用金钱去“打发”他们的人，让他们感受到与晚辈进行精神交流和感情沟通的乐趣。

从人的心理来看，孤独本来是人类的自然本性，但是极度的孤独或者长期的孤独会使人与世隔绝，这就发展成为一种心理障碍了。有孤独心理障碍的人，会认为全世界都抛弃了他，正如张靓依的婆婆那样，她早年丧父，是个单亲妈妈，她经历的人情冷暖让她对生活充满了畏惧和不安。现在，她年纪大了，儿子结婚后，她害怕唯一的儿子被媳妇抢走，所以想尽办法要把儿子“夺回来”。

那么，我们应该如何帮助老人走出孤独的阴影呢？不妨采取以下方法。

首先，鼓励老人给自己再次定下一个人生目标，如安排一份适当的工作，用这个工作激励他们的工作意识和精神动力。

其次，让老人多交一些同龄的朋友，或者参加一些同龄人的集体活动。这样，可以给老人增添生活的乐趣，也让老人可以与同龄人进行充分的交流。

最后，要经常给老人一些鼓励，不要老是让他们一个人闷在家里，最好还能和自己一起参加一些温和性质的户外活动。多给老人一些乐观、积极的精神暗示，与他们一起去接触生活中阳光的一面。

女人的直觉为什么那么准

女人是很感性的动物，就像猫。像猫一样的敏感，像猫一样的神秘，充满迷人的诱惑和魅力。她们天生就有一份直觉，不可捉摸。当她们遇到任何需要抉择的情况，第一个跳出来一定是那个看不见摸不着的直觉。她们依赖她们的直觉，所以很多事情都是靠直觉来判断。

女性的直观感觉敏锐，这是早有定论的，几乎人人皆知。她们简直能洞察一切。即使千里之外的不正当的男女幽会也能够一眼看出。女人这种超常的直觉能力，常常使她们的丈夫惊叹不已，而且有些恐慌。她们的这种直觉能力为什么如此敏锐呢？

第一，因为男人在理论性思考能力方面比较强，而女人则是在感情直觉能力方面优越于男人。男人在想要了解一件事情的真相时，往往是进行逻辑性的推理，攀登理论的台阶，因此，当这种台阶突然中断时，他们就无法继续前进。于是得出“这事情实在复杂，令人费解”的结论。而女人并不采取这种按部就班的方法。她们并不太重视此事是否合乎情理，却非常相信自己脑海中瞬间闪现的印象。她们对某事感到怀疑，往往不是因为事情不合情理，而是因为对方的眼神、表情、声调等等有某种不自然的地方。

第二，女性的生活空间比较狭窄。同男人相比，女人的活动范围受到一定限制。她们每天的生活比较简单，不像男人那样需要在记事本上详细记录许多复杂的事情。因此，她们可以对某一件事情集中起注意力，并且，可以将这件事情同其他事情联系起来。她们会进行断续的接近的类似的比较和思考。在这方面她们是十分敏锐的，她们记住某人穿某件衣服、系某条领带的时候，总是会显得和颜悦色；某人到某日的某时，就去打电话等等。这些细小的现象，都成为她们丰富联想的素材。

第三，必须指出的是，女人的这种直觉，实际上并不是那么灵验。人的脑海中，每天都会涌起成百上千个念头。就如同风吹水面会泛起道道涟漪一样。其中大部分都将被忘掉。只有个别的、忘却能力出现障碍的人，才会患上一种杂念恐怖症。直觉也是一样，本来是有的时候灵，有的时候不灵。男人对二者都不介意。而女人却会牢牢地记住她们直觉非常灵敏的事情。因此，看上去，她们的直觉的命中率很高。男人对于灵感和直觉的神秘性，具有某种程度的敬畏，而有时又不太拿它当一回事，这大概恰到好处吧。

大多数时候女人的直觉是非常准确和神奇的，因此有相当一部分女性非常相信自己的直觉。她们凭直觉识人、凭直觉欣赏、凭直觉消费、凭直觉为人处世，甚至还凭着直觉恋爱、结婚、出轨和离婚。总之，很多女人一辈子都生活在自己的直觉里，聪明也好愚蠢也罢，全都取决于这无从考量的直觉。尽管直觉给予了女人们诸多判断和决策的便利，让女人们在较多的时候总能以一种妙不可言的“第六感”散发出自己感性的魅力和智慧的光芒。然而，它却又总在无意中让女人软弱混沌、优柔寡断、唠叨多疑，甚至愚昧无知。因此有相当一部分女人就是因为太过相信和依赖于自己所谓的“第六感”，从而总是阴差阳错地与幸福失之交臂。

由此看来，直觉并不是那么可信赖的东西。那么，直觉到底是什么东西？直觉是人在感受某种事物的时候，基于各感官所能得到的一种集中和综合的感觉。它是一种最原始的，没有任何现实土壤，且未经任何分析整合的一种基础信号。事实上，它只是一种没有任何逻辑做分析，没有任何依据做保证的一时兴起的冲动。冲动对了便成了一种动力，若是冲动错了便会铸成终身的遗憾。这样的冲动，哪怕一百次的正确终究挽不回偶然一次的错误。

所以，女人在面对自己直觉的时候，最好还是尽量去多做一些求证，在感性的同时，尽可能多做一些必要的理性分析。特别是在进行一些关系到终身抉择和幸福的大事时，一定不能盲目相信直觉，要真正意义上把命运掌握在对物质世界的判断上。

虽然很多时候女人的直觉是正确的，但是女人也不能完全依赖直觉，应该去验证，这样才能牢牢地掌控住自己的人生。

为什么说免费的性是最贵的

有人曾经打趣说，免费的性最贵。“免费的性”特指经由恋爱和婚姻获得的性。

张晓和女友约好了晚上见面，为了不让女友等自己，张晓6点钟一下班就赶紧打车过去，花费30元。在花费200元吃完饭后，

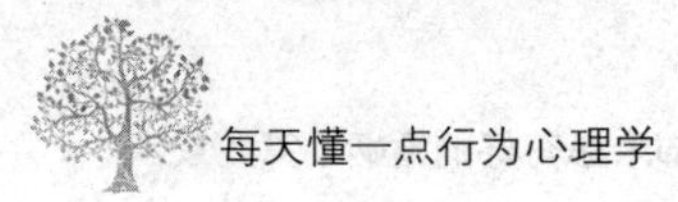

已经8点多钟，张晓喜欢看的球赛也已接近尾声。然后，张晓继续陪女友逛商场，到晚上10点，女友终于有所收获，她买下了一瓶价值300元的防晒霜。

购物之后，当然还要找个地方休息一下。于是，张晓又带着女友去了休闲酒吧。一人要了一扎啤酒，身心得到放松的同时，张晓的腰包也一起松了下来。时间过得很快，眼看已近午夜，张晓第二天还得上班，只得打车回去。回家之前，当然得先把女友送回家。于是，又打车到城南城北绕上一圈，这个花费足够两个人去吃一顿麦当劳了。

这样的情节，对于恋爱中的男女来说是再熟悉不过了。恋爱的青年男女对精神层面的追求需要经济的支撑。

恋爱初期男女主要的交往地点为咖啡店、酒吧、电影院等各种娱乐场所，这一阶段男女之间互表情意的礼物多为鲜花、巧克力、书籍、衣物。此阶段双方的消费往往也是最高的，由于这一阶段往往是男性追求女性的开始，因此基本上由男性埋单。

到恋爱中期，男女双方的关系已基本确定，消费方式也从最初的狂热演变为务实，其中男女双方的消费支出比例大致为6∶4，消费也由狂热渐渐转为理性。

在恋爱的最后阶段，双方往往开始为步入婚姻殿堂做准备，此阶段的消费就带有强烈的针对性。日常的吃、娱乐等消费基本降低到相对较低的水平，购买家电、家具、日常用品等支出大大增加，这些支出一般由女性负担，此时男性的支出主要是买房和装修。

恋爱是需要计较“投入”的，这个投入就是恋爱的成本。它包括准备恋爱时的搜寻投入，谈恋爱时的恋爱投入以及失恋后的失恋投入。搜寻投入指为了寻找到合适的恋爱对象，所花费的搜寻信息的投入，最典型的搜寻投入是征婚广告。恋爱投入则是恋爱过程中的花费，主要包括时间和金钱。失恋投入主要是失恋后精神层面的痛苦感受以及为了发泄挫折情绪而花费的成本，比如疯狂的喝酒抽烟、购物甚至一些过激行为。

恋爱中有很多投入是属于沉没成本，这种成本在经济学上的定义是投入付出后无法再收回的成本。在恋爱的过程中，就包括花费的时间、内心的感受以及共同消费掉的经济费用。

在恋爱的过程中，恋爱的投入是有变化的。在刚刚开始恋爱时，恋爱的投入是比较低的，因为彼此还比较陌生，女方对男方在时间和金钱上的要求都比较少。随着恋情的进一步发展，双方逐渐熟悉起来，在时间和金钱的投入都开始增多。不过，随着恋爱时间的进一步增加，恋爱双方对“浪漫”的需求会有所下降，会逐步变得更加现实，并开始为婚姻做准备，花费又会逐步减少。如果用一个曲线图来表示恋爱的时间—成本趋势的话，这个函数曲线将是一个“n”形。

武汉的李先生说：“我们那会儿结婚连‘三转一响’也没有，家里只有几件简单的家具，别说是婚纱照，能摆上两人的一张简单合影就很幸福了。当时结婚能有手表、自行车、缝纫机和收音机，就算是家境不错的了。”

但时过境迁了，“要想娶媳妇，起码得攒够22万元，看来我还得等12年才能结婚。”一个成都男子说，他目前在一家民企工作，月收入在2500元左右。他说，自己来自农村，家里基本上没什么积蓄，前段时间他和女朋友谈起了结婚的事情，女方家里要求他必须买上房子以后才能结婚，婚礼还不能办得太差。谈起结婚前的各项开支，他是又郁闷又气愤。

内心越不稳定的人，越期待环境稳定

※……眼泪有毒，请迅速逃离现场

眼泪攻势说到底其实是一种示弱手段，是一种隐藏锋芒不外露真实情感的生存技巧。它似乎是在说：我已经处于劣势了，你才是主导者。所以，当我们面对这种泪眼模糊的所谓“真情告白”时，更要理性去处理问题，不要天真地以为“对方的眼泪就一定是真心”。

小区里有一对夫妻，原本女人并不爱男人，但是在男人追女人的时候是双膝跪在地上求婚的，并且含泪对女人说：“请你嫁给我吧，如果你不嫁，我今生就不会再娶了。我真的很爱你，只要你答应嫁给我，我以后肯定对你好……”女人开始心软了，因为这是她第一次看到一个男人在她的面前哭泣，她觉得他一定是发自内心的。她心里的防线慢慢崩塌，鬼使神差地爱上了那个男人。于是，在男人第三次流着眼泪求婚的时候，女人嫁给了男人，也不管男人工作有多差，能力与自己有多大的差距，对身边的朋友有多恶劣，更不管别人怎么诧异地看着自己，女人只想他们能超越一切的世俗。像两只小老鼠一样，笨笨地相爱，呆呆地过日子，暖暖地依偎，即便大雪封山，还可以窝在暖暖的草堆紧紧地抱着咬耳朵。

但是，幸福的日子并没有长久。结婚还没有几个月，那个口口声声说爱女人，要一辈子呵护女人的男人就按捺不住本性到处拈花惹草了，甚至家暴的事也时有发生，每次女人都难以置信地大哭："你居然敢打我？"邻居们都会难以置信地想：这个可怜的女人怎么被打了这么多次还觉得被打很难以置信？

有人说："真正爱你的人，只可能在你一个人的面前流眼泪，当你触摸到它们时，也触摸到了那颗只为你跳动的心。"但是，并不是每个人的眼泪都那么纯洁。不少情场老手的泪只是用来哄骗对方。大多数人的内心都很容易被触动，看到对方为自己流泪就以为是真情所致，那一瞬的感动就足以让自己的心莫名地沦陷。

平时看上去叱咤风云的人物，在你面前失落流泪，会认为这可能是对方向自己敞开了心扉。面对这份"纯真"的泪水，你当然会选择相信，选择心软，然后就为流泪者展示温柔之情。正是因为眼泪的这个功效，衍生出一种眼泪攻势——为了达到捕获人心的目的，有人把自己所谓脆弱的一面展示给别人，以此博取同情。这种策略按照心理学来说，就是指人在进行应急反应的时候，主要有两种外在表现形式，一是"对象攻击"，二是"逃离现场"。"对象攻击"是指采用暴力手段；而"逃离现场"就是利用特殊手段转移注意力，博取同情，以此逃避现实。而哭泣、流泪就是"逃离现场"的一个方式。眼泪是在传达一个信息——

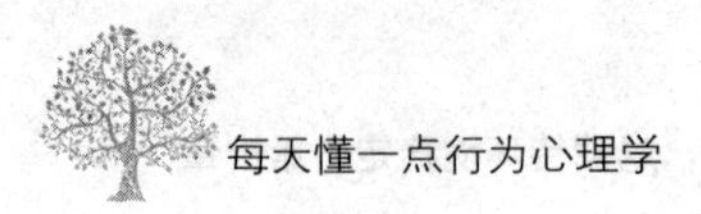

我已经降低了我的防备。人类的舆论道德都是倾向于弱者一方的，这样的示弱恰好就能将人摆在一个被动的位置，塑造了一个弱者的形象。而我们对于弱者，又恰恰是处于一种同情、保护的立场。

群体妄想，让我们盲目跟风

群体妄想经常出现在我们身边，世界上最典型的群体妄想事件要数“疯狂的郁金香”了。

郁金香原产于小亚细亚，一般只能长出三四枚粉白色、长椭圆状的披针形叶子，根部长有鳞状球茎。17世纪的荷兰是欧洲资本主义最早得到发展的国家之一，人们相对富裕，且荷兰人好冒险、爱赌博，于是美丽迷人而又稀有的郁金香渐渐引起了人们的注意。在舆论鼓吹之下，人们争相购买和种植郁金香，最后竟对其表现出一种病态的狂热，以至于拥有和种植这种花卉逐渐成为一种身份的象征。欧洲各国的投机商也纷纷前往荷兰，郁金香至此开始成为人们的投机物。

人们相信郁金香热将永远持续下去，世界各地的有钱人都会向荷兰发出订单，无论什么样的价格都会有人付账。欧洲的财富正在向荷兰集中，受到如此恩惠的荷兰，贫困也将一去不复返。无论是贵族、市民、农民，还是工匠、船夫、随从、伙计，甚至是扫烟囱的工人和旧衣店里的老妇，都加入了郁金香的投机。无论处在哪个阶层，人们都将财产转换成现金，用来投资这种花卉。

这股狂热到达巅峰时是在1636年年底的寒冬。这时的人们不仅买卖今年收获的郁金香球茎，还提前买卖第二年将要收获的球茎，球茎的期货市场就这样诞生了。由于刚刚形成的期货市场没有明确的规则，对买卖双方没有什么具体约束，球茎在实际进行货物交割之前，甚至不需要支付任何货款，这又进一步加剧了郁金香的投机。商人们得以在期货市场上翻云覆雨，买空卖空，导致原本就被吹得很大的郁金香泡沫在短时间内再度迅速膨胀。1637年，一种叫Switser的郁金香球茎，其价格在1个月里上涨了485%！1年时间里，郁金香的价格涨了59倍！

有暴涨必有暴跌。当人们得知一个水手误吃了一个昂贵的郁金香球茎却若无其事之后，谨慎的投机者开始反思这种奇怪的现象，他们开始怀疑郁金香球茎的价值。有人觉得事情不妙，便降价卖出球茎，一些敏感的人也立即开始仿效。随后，越来越多的人卷入这场恐慌性的抛售浪潮中。暴风雨就这样悄无声息地来了！

卖方的大量抛售，使得市场陷入恐慌状态。这时，郁金香简直成了烫手的山芋，无人再敢接手。球茎的价格也犹如断崖上滚落的巨石，一泻千里，暴跌不止。此时，荷兰政府发出声明，希望阻止郁金香球茎价格继续无理由下跌，同时劝告市民停止抛售，并试图以合同价格的10%了结所有的合同，但这些努力毫无用处。仅仅1个星期后，郁金香的平均价格就下跌了90%，普通品种的郁金香更是一文不值，甚至不如一只洋葱的售价。最终所有的“苦果”，只能由投机者自己咽下。

一夜之间，不知多少人成了身无分文的穷光蛋，富有的商人变成了乞丐，一些大贵族也陷入了无法挽救的破产境地。受害

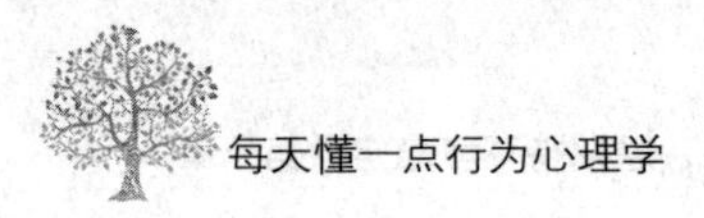

者当中，既有文化程度颇高的知识分子，也有大字不识一个的文盲。

到1636年年底，最后残存的理性都远离了荷兰的郁金香市场。人们其实知道郁金香球茎的价格早已远离其正常的价值，但他们总相信会有心甘情愿付出更高价钱的买主出现。“郁金香热”如此强烈，以致投机者们愿意倾尽钱财来换取普通的郁金香球茎。结果，大量的土地用于种植郁金香，人们不得不依靠进口粮食来满足日常生活的需要。这就是群体妄想造成的结果，其负面效应是致命的。

投机狂潮不可能永远持续下去，事实也的确如此。

最后，这场灾难让郁金香的价格一落千丈，画家们也纷纷借题发挥。在著名画家扬·勃鲁盖尔创作的一幅讽刺画中，一群愚蠢的猴子正在热火朝天地进行着郁金香交易。无论是种花人、花商，还是投机者，都受到了画家的无情嘲弄。

在社会上，群体妄想是一种集体的狂热，而狂热又是一种具有强大和持续影响力的时尚。

被称为“码头工人哲学家”的埃里克·霍弗在《狂热分子》一书中这样描述群众运动的参与者：

“群众运动的吸引力和实务组织的吸引力有一个基本不同处。实务组织可以提供人自我改善的机会，故其吸引力来自它可以满足个人利益。反之，一个群众运动，特别是当它还处于生气勃勃的积极阶段时，吸引到的并不是那些珍爱‘自我’、想要把它加强加壮的人，而是那些渴望可以摆脱他们可厌‘自我’的人。”

个体的力量在群体妄想面前，往往是非常单薄的。那些尚未形成独立思考习惯，或者迫切想要改变现状的人，总会把群体意志当成个人意志，被群体妄想裹挟其中却不自知，看到别人做什么，自己也做什么，最终落入“庞氏骗局”般的魔咒中。

社会上的群体妄想其实还有很多，方式也多种多样。作为社会动物，我们每个人的生存和发展都离不开群体的力量。但这并不意味着，群体就总是正确的。

面对这种群体妄想，我们不能犯糊涂，更不能听风就是雨，一味地跟风。了解了这类群体行为后，我们再遇到事情都应该保持冷静，头脑清晰地分析辨识，以免遭受打击和损失。

为什么我们无法在电梯里感到自在

和陌生人一同乘电梯，似乎只有盯着楼层数字看时，才能缓解自己内心的不知所措。为什么在这种情况之下，人会显得不自在呢？为什么此时的不自在不是通过抓耳挠腮而是通过看楼层显示数字呢？

当一个人在电梯里面的时候，会显得很自在；但是当一群陌生人在电梯里面的时候，每个人似乎都表现得相对拘谨，这时，几乎所有人都会做的一件事情就是盯着楼层的数字看。

从心理学的角度来看，电梯在上升或者下降的时候，人是处于悬空状态的，这或多或少地会让人产生一些紧张感。因为潜意识里人都会对电梯事故有一定的忧虑和恐惧，这时就会开始变得不安和焦躁。这也就是为什么我们在电梯到达底层的时候会随性慢步而出，而在电梯升到高层时会相对加快速度出门。还有一点就是，人与人之间的交往距离是有一定规律的。公共场合的陌生人之间的交往距离一般是360～750厘米，私人距离，即朋友、熟人、亲戚之间的距离为40～120厘米，而亲密距离，即夫妻或者情人之间的距离，普遍是0～45厘米。所以，一些公众场合的陌生人要聚集在电梯这样狭小的空间里，是“侵犯”了人的“私人领地”，人自然就会感到焦虑。

既然已经了解了在电梯中为何会焦躁不安或者说是不自在的原因，那么，我们又是怎样通过“盯着楼层数字”来缓解这种不安的呢？

有人做过这样一个实验，在寒冷的季节里，把十几只刺猬放到户外的空地上，这些小家伙们冻得瑟瑟发抖，于是紧紧靠在一起互相取暖，可是因为忍受不了彼此身上的硬刺，只好又各自分开。没过多久，忍受不了寒冷的刺猬又靠在了一起，被彼此的硬刺扎得疼了，又分开。就这样分分合合反复了好几次，刺猬们终于找到了一个适当的距离，既可以相互取暖，又不至于扎伤对方。同理，人与人之间也应该保持适当的距离，以免造成别人和自己的困扰。

在电梯中，人与人的私人空间就出现了这样的交集，互相感觉到对方进入了自己的私人空间，所以会感到不舒服，都想尽早“逃离”电梯这个狭窄的空间。盯着显示楼层的数字看，人们不只是为了确认自己是否到了要去的楼层，也是为了确认电梯在移动，让人感觉到自己是在向“解放”前进，从而缓解焦急心理。

想要暂时与人亲近或者独自沉思都是人的天性，这样的天性使人不喜欢被人天天紧靠，日日监督，从而受到束缚。也正是这样的天性，让人恐惧孤独。所以，人与人之间的距离建立就成了一个难题。那么，怎么解决这个问题呢？

就“远”来说，结交好友或者是为人处世，都要有一份“近人”之心。不要把自己和这个世界完全隔离开来。比如，宅人，特别是那种想要脱离现实，走入“二次元”虚拟世界的人，要适当地参加活动，时常和有交情的人联系，还要多交往一些新朋友。

最亲密的距离往往不是最温暖的距离，而最遥远的距离往往又会让人冷漠。那么，我们就只有把握好人性之中的“远近皆宜”了。

就“近”来说，我们要尊重别人的隐私和人格，不好奇他人的私事和秘密。也就是说，让自己和别人都有独立活动的空间。不要太过自我，要求别人什么事情都要以自己为先，而不考虑对方。而从相反的角度来看，我们也应该把自己的秘密适当守住，要在嘴上安一个闸门，不要把自己的话和心事一股脑儿全抛给对方，因为完全公开自己的秘密就等于全裸在人前，都是不值得高兴的事情。

过分拥挤的环境不伤人，但能伤心

心理学家曾对小学生做过一个“拥挤对人心理伤害”的实验：让一群小学生拥挤在狭小的教室里上课和活动。不到一个星期，连平时温文尔雅、循规蹈矩的学生也慢慢地变得粗野起来，他们的攻击性行为急剧增加。实验证明，在拥挤的环境中相互干扰、碰撞摩擦会使人精神疲劳、急躁烦恼、焦虑不安，觉得时光难熬。时间越长，这种心理问题越发严重，直到精神崩溃、行为失控，做出让人无法理解的极端行为。

春节期间，A地开往B地的临时客车上，挤满了南下的民工。整个车厢挤得水泄不通，臭气熏人的车厢不足1平方米的地方，竟然挤了七八个人。一个小伙子挤在车厢里的桌边，站了一天一夜，疲惫不堪。列车的呼啸声、车厢的喧哗声、难闻的混浊的空气，终于使他无法自控，最后，他“疯了”：他突然抓起桌上其他旅客的杯子、饮料瓶、水果等物疯狂地朝着周围的旅客头上砸去。

环境可以通过对人的生理的微妙作用影响人的心理健康。举例来说，在一个空气清新、花草葱绿，又伴随着优美乐曲的环境中，人体会到的是一种舒适与轻松，会暂时忘却生活压力，心理会呈现一种类似满足的状态。

良好的自然环境会通过刺激人的感官传达给大脑积极的信息，从而调适人的心理状态，平衡心理。而在嘈杂、拥挤的环境中，人会感到头疼、眩晕、呼吸急促甚至窒息，于是，心情烦躁不安，肾上腺素分泌量猛增，当分泌量超过一定的范围，人就极易发生急性综合性应激反应，导致无法自控的疯狂举动。

“老公，下午我妈打电话来，说我哥家里出事了，让我们赶紧回去看一看。”妻子在电话里着急地说道。李华只得放下工作，开车带着她连夜赶往她老家。路上她才给李华讲清原委，原来她哥结婚这么多年来，一直和妻子、孩子挤在一间15平方米大的小房子里。因为手头不宽裕，他始终没有能力购买新房。“我嫂子和我哥闹过好几回，可我哥也没办法，我父母也帮不上忙。没想到昨天晚上，我哥突然发疯似的跟我嫂子打起来了，今天人不见了。”妻子忧心忡忡。

到了目的地，李华和妻子在她父母的带领下去了她哥的住处，房子不但很小，而且闷热，不通风。后来，警察找到了妻子的哥哥，李华也放心了。因为没出什么大事，李华和妻子留下了一些钱，便离开了。在车上，李华想着妻子哥哥住的那间小平房，心里并不轻松，因为现在许多夫妻都因为住房出现了情感问题。

李华妻子哥哥的反常应该和嘈杂、拥挤的住房环境有关，这种环境会让人烦躁不安，极易导致人产生急性综合性应激反应。

如今，人们对生活品质要求越来越高，住房观念也在不断转变，从原来的“安居型”逐步转变为“康居型”。看了以上的内容，我们就可以知道，为什么现代人对住房环境和质量有了更多的需求和要求。

那么，我们应该怎样才能选择到“健康住房”呢？

首先，考虑居室所处的自然环境的亲和度。亲和度越高的自然环境，对身心健康的发展就更有益。而往心灵深处讲，鸟鸣、花香，冬观雪，秋赏桂，更是一种情趣和陶冶。

其次，人居环境十分重要。环境要能够保障我们的安全，还要考虑到室内、室外对健康和舒适度的影响。

再次，要考虑到健康保障因素，即健康治疗机构、家政服务机构等，以方便我们的居住和生活。

最后，考虑居室的环境保护，如垃圾处理问题、污水排放问题、环境卫生问题，等等。

身处人群，让我感到自己不再是个异类

有些人天性内向，但在一些情况下比平时外向的人更疯狂，这种两极分化的现象，其中还存在鲜为人知的心理效应。

小张性格内向、羞于在人前讲话，更不善于唱歌，在KTV的时候也只当听众。但奇怪的是，看演唱会的时候，小张特别积极，和观众一起跟着台上明星的音乐节拍，唱得不亦乐乎。相似的情况，看体育比赛的时候，不爱踢球的小张也很High，和大家一起使劲为运动员们呐喊助威。

同一个人在不同的状况下，怎么会有这么大的变化呢？

当人把自己埋没于团体之中时，个人意识会变得非常淡薄。心理学家将这种现象称为“去个性化”。个人意识变淡薄之后，就不会注意周围人的眼光，觉得“在这里我们可以做自己喜欢做的事情”，反正周围也没有人认识自己，也没有人际关系的束缚。巨大的开放感让害羞的人的欲求进一步增强，因此在这种场合下也会大声唱歌、高声呐喊助威。而大声喊叫出来，也是一种释放精神压力的方法，可以使人心情舒畅，所以有些平时不爱说话的人在这种情况下还会越唱越上瘾、越喊越大声。

但是，这种“去个性化”的状态持续发展下去，也会发生一定的危险。当人的自我意识过于淡薄时，就会开始感觉什么事好像都不是自己做的。比如狂热的足球迷，如果自我意识过于淡薄，就可能发展成危害社会的“足球流氓”。

为了研究“去个性化”带来的影响，心理学家金巴尔德曾以女大学生为对象进行了一项恐怖的实验。他让参加实验的女大学生对犯错的人进行惩罚。这些女大学生被分为两组，一组人被蒙住头，别人看不到她们的脸，而另一组人胸前挂着自己的名字。由工作人员扮成犯错的人后，心理学家请参加实验的女大学生发出指示，让她们对犯错的人进行惩罚，惩罚的方法是电击。实验结果表明，蒙着头的那一组人，电击犯错者的时间更长。由此可见，有时，“去个性化”会让人变得更冷酷。

当然，“去个性化”并不会在所有情况下都能导致人丧失社会性，变得冷漠。在保持着社会性的团体中，“去个性化”也很难使人做出反社会的行为。所以，当平时安静的朋友在演唱会中高声喊叫时，我们也大可不必去阻止他。

为什么我们无法理性评判所处的环境

每个人可能都有过这样的经历：当你切身经历某件事时，看似很简单的问题却不知如何处理，而让自己手忙脚乱。当你置于事情之外，当事人觉得很是棘手的问题，你总能给出合理的建议。这种情况就是人们常说的“当局者迷，旁观者清”。

为什么会发生当局者迷，旁观者清的现象呢？这要从经济学

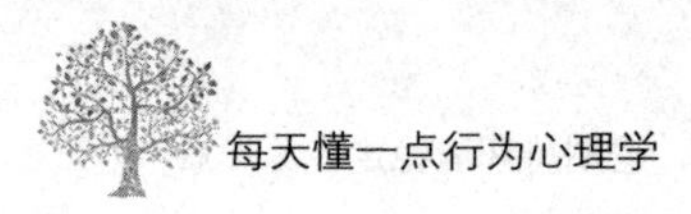

上的“阿斯波内多效应”说起。

“当局者迷，旁观者清”是对阿斯波内多效应最形象的说明。当人身处事情之中时，往往看不到事情的真相和变化。当事人因为对利害得失考虑太多，看问题就糊涂；旁观的人由于冷静、客观，反而看得比较清楚。当局者迷，处事往往像穿行于群山之间。办一件事，当事人往往会较多地考虑事件对自己、对涉及者的影响，从而患得患失。旁观者清，则像坐书桌旁看地图。旁观的人没有太多利益困扰，因此能理智地看待问题，能深入地分析整件事的前因后果，从而得正确结论。

人们在看油画时，站在画的近处难以看清画面，而站在画的远处反而看得更清晰，油画的逼真效果即刻显现出来。这种离开画面较远，图像反而清晰的现象，就称为“阿斯波内多效应”。

苏东坡有一首诗说：“横看成岭侧成峰，远近高低各不同。不识庐山真面目，只缘身在此山中。”人之所以看不清庐山的真面目，是因为身在庐山之中，在山中的位置无法让人尽观其全貌，也无法客观地认识它。如果想要看清真相，那就需要改变自己的视角，更换自己所站的位置，使自己从某种情感中抽身而出，转为旁观者的身份，看清事情的真相。

在现实生活中，我们有时也会有这样的感受。其实，我们的周围时时刻刻都在发生着变化，只是我们身在其中，感受不到而已。我们身在其中已经习惯了，周围的变化即使影响我们的生活，我们也会熟视无睹，感觉不到其中的变化。这就是当局者迷，但是当我们有一天离开了，过一段时间回来再看原来熟悉的环境，我们就会猛然地发现周围都变了。由于远离，我们原有的习惯得到“刷新”，就会发现差距和变化，这就是旁观者清。

为什么会出现“当局者迷，旁观者清”这样的现象呢？分析其原因有三点。

1. 所处的位置有误

欣赏油画也好，待人接物也好，都要找到恰当的位置。选的位置很重要，观察点不好就会看不清画面或者事实。一个两面球，一面是白的，另一面是黑的，让两个人观察这个球，一个人说是白的，另一个人说是黑的，结果两个人争得面红耳赤。其实两个人都没有错，只不过是他们站的位置不同而已。

2. 情感卷入太深

如果一个人对某件事太在意，卷入太深的话，就会看不清事实，使自己沉迷其中，被表面现象所迷惑，行为就会被左右，很难看到事情的客观真相。

3. 心存私念或成见

如果一个人处处权衡个人得失，处理问题就会变得很困难。一旦心存私心杂念，就无法辨别是非。有私心者无法全心观察事物，即使做到了全心观察，也难免会产生偏心反应，无法真正客观看待并处理问题。因此，看任何事，都不要带着私心与成见。

在生活中，我们要选好看待事物的着眼点，透过不同的角度来看待事物，要看到事物的多面性，了解到事情的全貌，看清事物的本质。同时，我们要根据现实的需要把眼光放准，遇到具体问题具体分析，看问题不带成见，客观公正地处理问题。

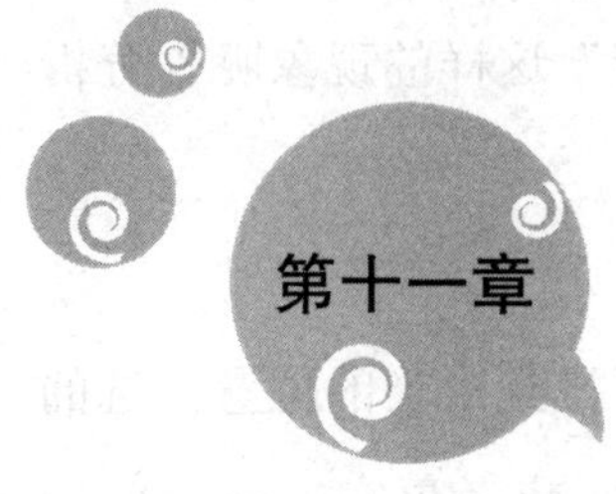

第十一章

其实你心里住着一个心理变态

你这么怕胖，是不是有病

现代社会以身体苗条作为有能力、高雅、有吸引力的标志，体重偏低受到人们的青睐。因此，越来越多的人宁愿做一个“骨感美人”，包括很多处于青少年时期的孩子，都刻意节食减肥，以达到所谓的“美人“标准。由于他们任性节食的行为，结果是做不成“美人”反成了“病人”。下面这个孩子就得了厌食症。

黄鹂鹂今年13岁，她从小就喜欢跳舞，加上父母的支持，她小学二年级就转入专门的舞蹈学校。几年来，黄鹂鹂捧回了无数的奖项，她的强项是独舞和芭蕾舞。舞蹈学校的老师不让学生多吃，对饮食有很多限制。尽管如此，许多孩子都会在被子里偷吃，但黄鹂鹂却非常听话，即使是饿，自己也坚持不多吃。

北京发生“非典”期间，黄鹂鹂从学校回到家里学习。老师交代过回到家不许多吃，黄鹂鹂便严格按照老师的要求去做。每天，不管什么天气，黄鹂鹂都会坚持近两个小时的大运动量练习，也因为她的卓越成绩，父母感到骄傲，因此，对从小胃口就不好的女儿也没有太注意。到了夏天，黄鹂鹂开始出现胃疼，原来饭量就很少的她吃得更少了。由于进食更加困难，她的体重从原来的70余斤下降到不足40斤（身高156厘米），她的眼睛凹陷，皮肤苍白，四肢细长得像仙鹤腿，体重最低时只有35斤。在这种情况下，黄鹂鹂常常晕倒，连学校都不能去了。

黄鹂鹂说她不希望体重增加，没有任何食欲，尽管父母想尽了一切办法，仍然无法让她进食。妈妈哭着说，孩子早晨连1/5的小蛋黄都吃不完，这还算好的时候。有时，常常是一天下来什么都不吃，吃进嘴里的东西，咀嚼后又吐掉。黄鹂鹂看起来已经失去了对所有食物的兴趣。她说："小时候，在舞蹈学校时想吃，但老师不让吃，自己挺挺就过去了。现在，我从来就不觉得饿。"

黄鹂鹂已经患上了神经性厌食症。这是一种多见于青少年女性的异常的进食行为，特征为故意限制饮食，使体重降至明显低于正常的标准，为此采取过度运动、引吐、导泻等方法以减轻体重。患神经性厌食症的原因很复杂，它是由遗传、心理和社会因素决定的。这一类型的孩子一般对自我的要求比较严格，希望在各方面都能做得很好，黄鹂鹂就是一个对自己要求非常严格而且能吃苦的孩子。

对于厌食症，内分泌专家把其临床表现归纳为"两个25，两个有，两个无"。"两个25"是说年龄多低于25岁，体重比正常体重低25%以上；"两个有"是指对进食有偏见和进食习惯有改变，常有明显的消瘦和闭经；"两个无"是指既无器质性疾病，又无精神性疾病。

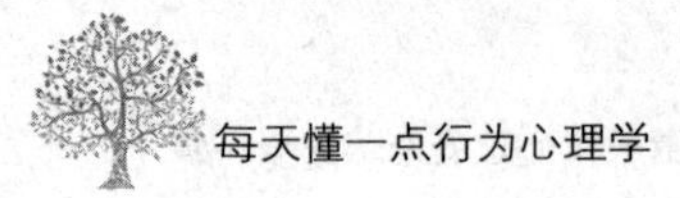

厌食症会带来一系列生理问题，包括皮肤干燥，头发或指甲易断裂，对低温敏感且无法忍受，肢体和面颊上长出类似胎毛的绒毛，低血压和心跳过缓。经常性的呕吐，导致体内的电解质紊乱，容易引起心脏和肾的问题。

厌食症对女性影响更大的是营养不足，造成卵巢发育不良，甚至出现闭经，乃至终身不育。对于男性来说，会出现性功能减退的症状。而青春期前的厌食症患者，其性器官会呈幼稚型。如果长此下去，最后会导致全身功能衰减，甚至造成死亡。现如今厌食症患者的急剧增加，与当前社会对于“纤瘦”的过度追求有很大关系。

专家认为，人们现在正处于一个极端严重的向往苗条的社会之中，人们已经误入了疯狂的“纤瘦时代”。在英国，每年约有20万人由于节食患了最时髦的新病——神经性厌食症，女性患者人数是男性的10倍。而在全世界，神经性“瘦美厌食症”的患者人数更在不断地增长，每8个患神经性厌食症的人中，女性就占了7个。过度节食正在成为世界5种新病症之一，它严重威胁着女性的健康。

“纤瘦”流行，最严重的受害者是女孩新一代。目前，大部分女孩13岁前就把瘦作为美的标准，如此流行的“纤瘦观念”是变态自虐的。全球舆论界已开始对影视、模特和广告业一味追求“瘦”的倾向进行了言辞激烈的抨击，指出大肆宣传麻秆式的模特儿是一种不负责任的做法。据说，英国医药协会在其年会通过的决议中声明，协会将抗议时尚界使用体重过轻、瘦骨嶙峋的模特。继英国之后，法国巴黎、意大利米兰的时装界也相继发出类似呼声。

因此，我们要告诉那些一味追求线条美而盲目减肥的人，只有健康的美才是真正的美。提醒年轻妇女，特别是少女不可片面追求苗条；处于发育期的青少年，切不可盲目限制饮食，应该科学控制饮食，以不影响学习工作为度，配合适当的体育锻炼，循序渐进，不可操之过急。

孤独越美越杀人

在人流拥挤、竞争加剧、生存压力和信息风暴的侵袭下，城市中孤独者的数量越来越多。无论是白领还是打工仔，他们都面临被“孤独综合征”席卷的危险。从心理层面讲，人在对自己行为做出选择的过程中是自由的，是无所依靠的，人必须自己创造自己，这就使得选择总是成为孤独的源泉，使人在做出行为选择时总是处于一个脱离一切的、像大海中的孤岛一样的境地，时刻都被一种根本的、永恒的、难以排遣的孤独所包围。

1996年7月29日，40岁的意大利洞穴专家毛里奇·蒙塔尔独自到意大利中部内洛山的一个地下溶洞里，开始了一年的命名为“先锋地下实验室”的生活。这个实验室设在溶洞内的一个68平方米的帐篷里，里面有科学实验用的仪器设备，还有起居室、工作间、卫生间和一个小小的植物园。在这一年中，毛里奇吸了380盒香烟，看了100部录像片，在健身车上骑了1600多千米。第二年的8月1日，毛里奇重回社会，这时，他的体重下降了21公斤，脸色苍白，脸颊瘦削，人也显得憔悴，免疫系统功能降到最

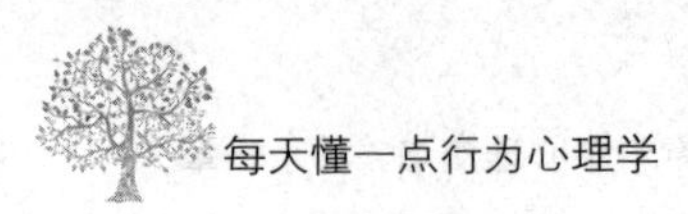

低点；如果两人同时向他提问，他的大脑就会乱；他变得情绪低落，不善于与人交谈。虽然他渴望与人相处，希望热闹，但他已经丧失了交际能力。经过一段时间的训练，毛里奇的交际能力逐渐恢复了一些，他说：“在洞穴待了一年，才知道人只有与人在一起的时候，才能享受到作为一个人的全部快乐。过去，我是一个喜欢安静的人，常常倾向于独处。现在，让我在安静与热闹之间选择，那我宁可选择热闹，而不要安静。我之所以在洞穴中坚持了1年，只是为了搞科学试验。我丧失了许多与人交往的能力，这需要在今后的生活中重新培养。但我不后悔，因为这场实验使我明白了一个人生的奥秘：生活的美好在于与人相处。”

孤独不是人类本性。我们是从骨子里渴望着与人接触、相知、相处，只有在集体中，才能发现自身的生存价值和意义。

居住在拥挤而嘈杂环境中的人，常常会希望自己能拥有一方安静的、属于个人的独有空间，不要受任何人的打搅。为此，人们设计了可以随时开关的门窗、可以上锁的抽屉或箱子。甚至有许多人还幻想着有一天能退隐到深山幽谷中，过与世无争的“隐士”生活。问题是，这样的生活真的能带来快乐吗？这种对孤独感的追寻，真的是人的天性吗？人对孤独是否有恐惧感呢？

对此，心理学家也不免要问，人为什么是社会性的？即人类个体为什么非要和其他人类个体生活在一起并进行交往呢？大多数的人类个体为什么无法忍受远离尘世的孤独生活呢？

所谓人类的社会性，是指人类的群集性，是指任何人类个体都愿意与其他人类个体进行交往，并结成团体的倾向。心理学家通过观察和研究，发现社会性是人类社会一个极其普遍和重要的现象。最早对人类的社会性加以研究的心理学家是麦独孤，他认为社会性是人类的本能之一。他认为，人类天生带有许多特性，其中有一种就是要寻求伙伴，与他人结合在一起的倾向。这就好像蚂蚁由于本能集合在蚁群中，狒狒由于本能建立起复杂的群体结构，人也生活在自己的人类群体中。人们这样做，并不是由于这样做是好的或正确的，也不是因为这样做是有用的，而是出于人的一种本能。

人是社会性的，对于人来说，任何一个个体都必须或多或少地和其他个体发生关系，形成各种各样的人类群体，由此组成一个复杂的人类社会。

人与人之间的这种社会性，要求我们怎样做才能成为一个受欢迎的人呢？我们要怎样做才能维护人与人之间的紧密关系呢？

首先，接受过他人的帮助后，不要忘记还情，不要中断联系。或许经过一段时间的相处，彼此的情谊会变得更为深厚，而这种经过无私奉献得来的友情则显得更加珍贵，它会在意想不到的时刻帮你渡过难关。

其次，注意维护亲戚关系。俗话说，“是亲三分近”。亲戚之间的这种血浓于水的特定关系，决定了彼此之间的亲密性。这种亲属关系可能为你未来的生活提供精神、物质上的帮助。

最后，培养主动结交的意识。要学会主动和别人打招呼。如果你有机会参加大规模的会议，不妨仔细观察那些游走会场，或到处向人打一下招呼、向陌生人做一下自我介绍，也许这些人当中就有以后能够对你产生举足轻重影响的人物。

只偷内衣的贼：恋物癖

有人喜欢蝴蝶结，有人偏爱粉色系，有人钟情阴森诡异的事物，有人垂涎女人的美腿……每个人都有自己喜欢的东西，这是再正常不过的事情了。不过，我们会因为喜欢蝴蝶结就在大街上当众把别人头上的蝴蝶结发卡抢走吗？当然不会，因为就算再怎么喜欢一件事物，我们还是会控制好自己的获取。但是，如果这种“喜欢”过剩到溢出来时，又会出现怎样的状况呢？

南京市的几位打工妹和她们的男友经过几天的蹲守，终于当场抓住了偷她们内衣的“内衣贼”。但是，就在人赃并获的时候，他们发现这个“贼”竟然只是一个高中生。这个高中生说，他喜欢胸罩已经有两年时间了，最初是因为看到画报上的女人只穿胸罩而觉得十分好奇。后来，他在家留意起了母亲的胸罩，也觉得很好玩。之后，他逛商店时看到那些灵巧精美的胸罩，还禁不住买了一些回家，用来观赏。但是，事态越来越严重，最后为了避过商店里的那些指指点点，他只能用偷来满足自己对女性内衣的喜好，而他自己的心理负担也逐渐加重。

案例中高中生之所以会对胸罩感兴趣，以至于他会去偷取女性的胸罩，是因为这个男孩正处在青春发育期，对性有着极大的兴趣，而又无法通过正常的渠道排解。有这种困扰的孩子通常和父母之间的交流较少，这更使得他在青春期得不到正确、健康的性启蒙教育，容易出现错误的性经历，这会对他以后的生活产生极坏的影响。一般来说，性偏好障碍，如恋物癖、露阴癖、虐待症等，大多跟青春期不当的性经历有关。

高中生“内衣贼”的这种情况，我们将之称为“恋物癖”。这是一类性偏好障碍，与道德水平和意志力无关。恋物癖成因很复杂，多和个人成长经历、家庭、社会文化环境、压力、性教育不当等有关。恋物癖一般起自青少年时期，患者几乎都是男性，而且大多数患者都是异性恋者，不过他们大多对性生活胆怯或者性功能低下，并且也很少有攻击或暴力行为。恋物癖患者常因其变态行为而给自己造成许多麻烦与不幸，却不能克制自己的行为，因此常常会感到极大的痛苦。

常见的恋物癖可分为两类：一类为器物，包括衣着及随身所带物品，如内衣、内裤、胸罩、手套、鞋袜、手帕、裙子、外衣、卫生巾、发卡、项链等，以及雕像、画像等；一类为身体各部分及有关物体质包括正常的部分如头发、脚、手、乳房、臀、分泌物，非正常部分如跛足、斜眼、麻面、六指等。广义的恋物癖还包括某些视觉性和嗅觉性对象异常，如情景恋和臭恋。前者在某一特定场合产生性兴奋反应，后者则多为闻到体臭产生性兴奋反应。

要克服恋物癖，就必须积极投入到社会的活动交往中，建立理性的生活态度，树立正确的人生观，积极投身学习、工作，充分发掘自己的潜能，争取自我实现，体现自我的价值，寻找更高层次的心理满足。同时，在日常生活中，更要避免接触淫秽色情物品，不要浏览非法网站；培养自己的广泛兴趣，陶冶情操，正确对待自己的性渴求、性欲望。另外，还应该树立正确的恋爱、

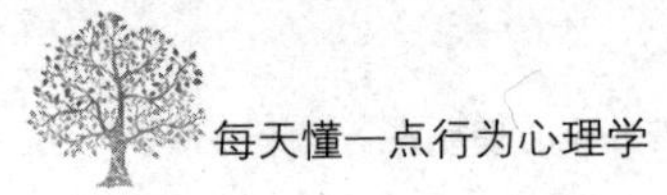

家庭、婚姻道德观，以此来重塑性格，促进人格成熟。社会应对这些高危人群实施监控，及早发现及早干预，及早求助心理医生，防患于未然。

人格解体是一种什么样的体验

存在主义哲学家、文学家保罗·萨特曾写过一篇小说，名叫《恶心》，作品详细而逼真地描写了“我”的人格丢失的感觉。书中的“我”已丧失了独立存在的人格，而被其“替身”所替代了，连呼吸、写字等一举一动都不再属于自己，而属于那位“替身”，“我”为此而陷入深深的苦恼之中。显然，在萨特的笔下，这种人格解体（萨特称为“非存在”）是一种痛苦的心理经历。这种短暂的人格解体并不会形成人格解体障碍，只有当人格解体的严重程度和持久程度足以扰乱一个人的生活时，才能诊断他患了人格解体障碍。

一个高中女生，大约10年前，有一次被雨淋过之后，就出现了晕晕乎乎的感觉，像做梦一样，有时说了话，却感觉不像是自己说的。人变呆板了，像个木头人，简直就是行尸走肉，头脑反应不灵活，感到与外界疏远了，但仍能坚持上学。初中毕业时，该女生以第一名的成绩考入本县一所重点高中。高中三年间，她仍持续自感头脑变空，感觉体力、脑力已耗尽，记忆力减退，思考能力下降，有时大脑似乎已短路，左脑无用，右脑好用。她为此焦虑、紧张不安，之后近半年时间里仍感身体不适，全身气血不通，双眼固定并与大脑失去联系，脸变得很难看，像个僵尸，整天戴墨镜。

人格解体障碍和分离性漫游症一样，都涉及个人身份的分裂，只是人格解体障碍不会伴随遗忘。这种障碍的核心特征是人格解体，产生一种对自己的陌生感或不现实感。人格解体常表现为情绪反应下降，对他人及整个世界丧失兴趣，同时包括注意力、短时记忆和空间推理能力降低，还有生理反应下降，如心率下降。

据说，一半以上的成人至少都有过一次人格解体的体验。这是一种非常离奇的、令人不快和极度不安的感觉，人觉得自己不真实，与自我脱离，好像身在局外观察自己的生活一样。

正常生活中的人也会出现短暂的人格解体。例如，当人们从梦中醒来时，受到严重的惊吓时，或者很劳累时，或者进行沉思时，都有可能出现短暂的人格解体。尤其是那些爱幻想的诗人、小说家，更是常常“如堕雾中”。

认知心理学家认为，人格解体和现实感丧失形成了再认识记忆的失败。患者无法将现在的体验和过去的体验区别开来，就像是偶然走进一个以前熟悉但已经重新装修了的房子时的那种感觉。主要特征就是感觉到自己很奇特或不真实，感觉自己好像从自己的身体中游离出来，正在远处或上方看着自己；或者自己就像生活在梦里一样不真实。奇特的感觉通常是相对自己身体或精神而言的，比如说觉得自己的四肢变大了或缩小了，或者自己的举止很机械，或者自己就像死了一样，或者自己像被束缚在其他人的身体里。

人格解体的治疗存在一定困难，支持性心理治疗是必要的，医生应向患者解释此病属功能性障碍，不会产生严重后果，从而减轻患者的紧张感。在进行治疗时，医生要先创造一个适合修养治愈的环境，让患者与外界不要有过多的接触。同时，引导患者保持内心的平衡，不要让其时刻处于恐惧和焦躁的压力之下；引导患者进行自我审视，回忆引起这种病症的原因，尽量让其大脑保持清醒。然后，可以准备一面镜子，让患者和镜中的自己交谈，可以说一些有关他自己的事情，并观察现实中的自己和大脑“虚拟”出来的自己，以进行分辨。当患者慢慢将“我”拉回到现实之中后，可以进行一些有计划性的事情，使其更有存在感和实际意义。

我们所有的不幸，皆因无法自处

《蜗居》里有一个角色叫海藻，她弄不清楚自己到底要什么，过分遵从他人的想法，没有独立思考的能力，更没有上进心，加上海萍对她灌输错误的人生观和爱情观，她甘当二奶，也是非常自然的一种选择。剧中她原本是不想要孩子的，但是宋思明坚持要，她也就顺从了。这种对人生缺乏理性和独立思考的悲剧就注定了她不会有一个好结局。这种人格特质就是“依赖”，也就是典型的“二奶人格”，从心理学上来讲，就是依赖型人格障碍。依赖型人格障碍就像其名称表示的那样，对他人依赖。这样的人害怕或不能独立做出决策，所以让旁人替他做决定，让别人代替自己决定做什么工作、去哪里度假、如何与人交往，甚至穿什么衣服。心理学家认为，这种自我抹杀背后是对被抛弃的恐惧，主要表现为以下几点。

（1）被遗弃感。明知他人错了，也随声附和，因为害怕被别人遗弃。

（2）无独立性。很难单独实施自己的计划或做自己的事。

（3）无主见。在没有从他人处得到大量的建议和保证之前，对日常事务不能做出决策。

（4）无助感。让别人为自己做大多数的重要决定，如在何处生活，该选择什么职业等。

（5）难以接受分离。当亲密的关系中止时感到无助或崩溃。

（6）易受伤害。很容易因遭到批评或未得到赞许而受到伤害。

（7）过度容忍。为讨好他人甘愿做低下的或自己不愿做的事。

（8）害怕孤独。独处时有不适和无助感，或竭尽全力逃避孤独。

只要满足上述表现中的五项，即可诊断为依赖型人格。依赖型人格障碍是日常生活中较为常见的一种人格障碍，主要在孩童或部分成年人中出现。

依赖型人格障碍的形成与个人的早期教育有关。幼年时期，儿童离开父母就不能生存，在儿童印象中，保护他、养育他、满足他一切需要的父母是万能的，他必须依赖他们，总怕失去他们。这时如果父母溺爱子女，鼓励子女依赖父母，不让他们学会自立，久而久之，子女就会逐渐产生对父母或权威的依赖心理。他们成年以后依然不能自主，缺乏自信心，总是依靠他人来做决定，终身不能负担起各项任务、工作的责任，形成依赖型人格。

无论是成人还是孩子，有了依赖型人格障碍的倾向后，都应

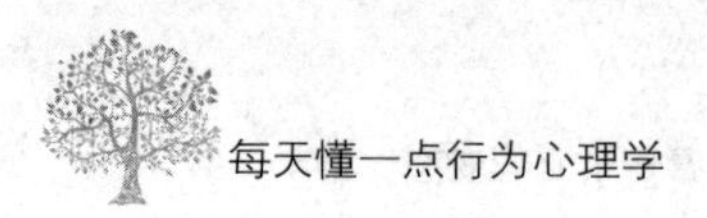

该认识到依赖心理的危害，并及时做好预防和治疗。

第一，丰富自己的生活内容，使自己有机会去面对问题，能够独立地拿主意、想办法，增强自己独立的信心。自己该干的事要自己去干，不要什么都推给别人。要多参加社会集体活动，学会去帮助他人，学会在集体中转移自己的注意力。

第二，要在生活中树立行动的勇气，恢复自信心。自己能做的事一定要自己做，自己没做过的事要锻炼做，正确地评价自己。

第三，要纠正坏习惯，提高自己的动手能力，多向独立性强的人学习，不要什么事情都指望别人，遇到问题要做出属于自己的选择和判断，加强自主性和创造性，学会独立地思考问题。因为独立的人格要求有独立的思维能力。

依照上述方法，有效地改善自己，当你彻底放弃依赖别人的念头，决心自强自立时，你就走上了成功之路。就这么顽强地往前走，你将惊奇地发现，原来自己在许多方面都毫不逊色于当初崇拜的偶像们，自己也能实现自己曾经梦想不到的奇迹。

总之，摆脱一份依赖，你就多了一份自主，也就向自由的生活前进了一些，向成功的目标迈近了一步。

内在的分裂：我看不到的另一个自己

每当黑夜降临，就有一个声音催促着、推动着她，让她身不由己地走向酒吧、舞厅。凌晨，她平静地扔下那些无聊的男人，去洗浴中心洗了澡，换上文雅的职业装。于是，新的一天又开始了，她又变回一个正常的职业女性。

何小姐穿着得体、谈吐优雅，但她的微笑有些僵硬，似乎在掩饰着什么。去年10月初刚刚结婚的她，丈夫29岁，高大英俊，是一名小有成就的计算机软件设计师，年薪35万元，而她今年28岁，是一家公司的企划部经理，年薪15万元，两人感情很好。可自结婚以后，她开始害怕夜晚的到来，因为每当黑夜降临，就有一个声音在她耳边怂恿着：去狂欢吧！于是，她身不由己地化上浓妆，走向酒吧、舞厅，去与陌生男人喝酒跳舞，彻夜狂欢。结婚后她想过真正的家庭生活，不想再去那种地方，可她管不住自己，于是一次次地扮演着“双面佳人”的角色。

一天傍晚，何小姐离开单位坐上出租车回家，突然感觉心里像堵上了东西似的，非常难受，她知道另一个自我在蠢蠢欲动，她强迫自己拒绝那个自我。车子到了家附近，她让司机停车，准备付钱下车回家。可另一种力量抓住了她，她突然改变主意，让司机调转车头，把车开回单位。回到单位，她先给丈夫打电话，谎称同学从外地回来，大家要聚会，然后拿出藏在柜子里的衣服，去到一家洗浴中心，换上妖艳并且暴露的衣服，化上浓妆。晚上9点，她出现在一家舞厅的门前。这是她结婚后第一次来这种地方。

走进舞厅，她内心的痛苦不安一扫而光，冲进舞池就舞了起来。她的身躯随着疾劲的鼓点疯狂地扭动着，体内压抑许久的能量在这一刻都爆发出来。没多久，她就成了舞池中的焦点。见她如此疯狂，几个男人凑上来与她对舞。

大约夜里11点，她扔下那些男人，连个招呼都不打，又坐

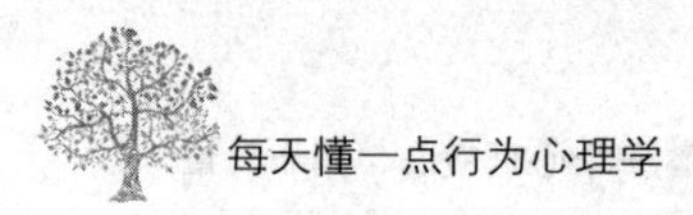

出租车赶到市政府附近的一家酒吧。凌晨3点，去洗浴中心洗个澡，换上职业装，来到了单位。

早晨7点，给丈夫打电话："老公，起床吧，早餐自己吃吧。昨天和同学玩得太晚了，怕回家打扰你睡觉，就在同学家住了。你睡得好吧？"丈夫表达着不满："蜜月还没过完，就不见了你的人影，打你的手机又关机，我能睡得着吗？"她说："手机没电了，对不起。"

新的一天开始了，她又变回一个温柔贤淑的职业女性。

婚后的三个月里，她几乎每个星期都要出去玩一次，有时甚至更多，她的丈夫不得不开始怀疑妻子了。不久后的一天傍晚，当她再次打来电话说要出去玩时，老公很爽快地应允了。大约晚上6点，她走出办公楼。她的丈夫一路跟踪，从洗浴中心到舞厅，又从舞厅到酒吧，妻子的另一副面孔在他的面前暴露无遗。他震惊、愤怒而又害怕：这是一个多么陌生的女人，与他温柔贤淑的妻子判若两人。

这是一个分裂型人格障碍的案例。

分裂型人格障碍是一种以观念、外貌和行为奇特，以及人际关系有明显缺陷，且情感冷淡为主要特点的人格障碍。这类人一般较孤独、沉默、隐匿，不爱人际交往，不合群。既无什么朋友，也很少参加社会活动，显得与世隔绝。常常做白日梦，沉溺于幻想之中。这类人对人少的工作环境尚可适应，但人多的单位和环境及需要交际往来的工作就很难适应了。

分裂型人格障碍的实质是心理过程的分离，一部分行为和经验被单独保持，彼此之间没有交流，后继的人格通常能意识到主体人格的存在，但把它看作是客体（“他”“她”或“它”），而把自身看作是主体（“我”），当分离尚未全面时，主体人格还有可能意识到另一种人格的存在，但通常把自身看作“我”，而把另一种人格看作是“他”“她”、或“它”。可是，当分离全面进行时，主体人格便会忘却自己的身份，并由后继人格取而代之，双方或是多方的意见不合，而导致极端行为。

对于分裂型人格障碍患者，一般采取自我疗法和家庭支持疗法相结合进行治疗。

1. 自我疗法

艺术疗法是自我疗法中常见的方法。一个人如果把生命能量过度流注到潜意识，就自然产生幻觉与稀奇古怪的念头，加之一个人的能量是有限的，能量大多数流入潜意识，则个体面对现实生活的能量就自然少了。

舞蹈疗法：患者独自一人在家，选择节奏明快的音乐，随音乐动起来，就会感受身心的自然欢娱，不必讲究什么规范动作，只需要放松自由地跳，在自由自在的舞蹈中使自己的自我得到释放。

绘画疗法：患者可买些纸与笔，最初只需要学炭笔画，用炭笔在白纸上以儿童涂鸦的方式作画，把头脑中呈现出的图像画下来即可。

音乐疗法：当出现异常知觉体验时，听了节奏明快、曲调昂扬的乐曲后，患者能因双重兴奋而产生相互抑制，转而听一些舒缓柔情的音乐，会给异常知觉体验抹上一层良性背景色彩。

2. 家庭支持疗法

对分裂型人格患者，家人一定要关怀、帮助，千万不能厌弃。针对患者退缩孤僻的特点，培养他交往的习惯，规定来客人要打招呼，带他外出走亲访友，观察他人的交往，鼓励其表达自己的情感与要求，也让他体会到别人的存在和别人对他也有各种需要。家庭成员活动时，一定要叫上他，鼓励他发表意见和看法。

总之，对此类病人一定要耐心，不要急于求成。

我承认，我所有的面具都是真的

一个名叫涂露露的女孩子，因为自己的异常而去看了心理医生。那么，她的身上到底发生了什么异常呢？

心理医生了解到情况后，就为涂露露做了催眠。催眠状态中的涂露露好像变成了另一个人，从她的嘴里发出的是另一个女孩的声音，而且以轻蔑的口气将涂露露称为“她”。心理医生知道他看到了涂露露的另一个人格。原来涂露露是患上了精神分裂症。

这个口气轻蔑的女子称自己为谭玛丽，她是一个健谈、开朗又有些调皮的女孩子，而本体涂露露则是一个传统的温和型女生。谭玛丽开始只能闭着眼睛说话，但是，逐渐地，她能张开眼睛并自由活动了。她向心理医生要了一支烟，并把脚架在桌子上，行为举止看上去很开放。她以不屑的语气说涂露露是个优柔寡断、软弱的“笨女人”，她似乎知道涂露露的一切，但涂露露显然不知道谭玛丽的存在。

之后，医生解除了催眠，涂露露恍惚地醒来，对自己“异常开放”的另一面感到尴尬和不解。

就在心理治疗的三天后，“涂露露”给自己的心理医生打了一个电话，并让心理医生走远一点，不要骚扰自己。医生刚开始还很诧异，后来他意识到，那可能不是涂露露，也不是谭玛丽。“他”说话的声调很低，甚至有点浑厚，从语气上听来，电话里的“涂露露”更像是一个充满独占欲和保护欲的男人，从“他”有些偏激的话语中，可以看出“他”还有一些攻击性。

“多重人格”可以说是一个肉身含有“数缕不同的灵魂”，是解离型歇斯底里精神官能症中最离奇的一种现象。

心理学家蒲特南说，其实每个人都比自己所愿承认的更具有多重人格的倾向。譬如，一个广告公司的经理在公司里摆着训人面孔，但周末在海滩成为一个拈花惹草的花花公子；一个胆小如鼠的母亲，在遇到危难时，却成为奋不顾身保护儿女的勇士。人们在新的情境下经历了新的角色，但事过境迁后可能说“我无法相信我那时会那样做”，人们无法将这个“新自我”整合入原有的自我形象里。如果这种情况发展得有些极端，甚至扰乱了个人的精神状态和生活环境的话，就需要做一定的观察和治疗了。

很多多重人格患者在漫长的心理治疗过程中，常会被“挖掘”出越来越多的人格，此刻是两三个人格，但随着治疗的开展，或许就会出现第四个、第五个……有一本叫作《24重人格》的书就讲述了一个有24重人格的人。书中的“我”是一个成年男子，但是他的人格却包含了小孩、女人等。

语言病理学家卢德罗也证实，当多重人格患者出现不同的人格时，他们的声音是会有差别的。这一点非常不可思议。因为，一般情况下，人类的声音形态是相当固定的，就算是经验老到的演员，他们即使能够改变腔调也无法改变他们的声音形态。可以说，多重人格患者在言谈、举止、姿态等诸多方面改变的程度，是任何演员都难以企及的。

对多重人格的治疗，医生多是以催眠术让患者的不同人格“互相认识”，并帮助其核心人格（原有人格）将这些多重自我整合为一，而且要他们学习不必借“分裂”其内在的自我来面对外在的危机。一个身体里面的人格是互不相识的，只有让彼此认识了，才能合为一体，形成一个完整的人格。这是一个控制的问题，也就是说，人们可以选择而且成为自己想成为的人。

催眠法是比较经典的治疗多重人格的方法。尤其是当医生与患者之间达成一种互相信赖的亲密感时，这个方法就更有效果。要让主体人格和后继人格之间产生交流，逐渐淡化彼此之间的隔阂。后继人格之所以出现，就是因为本体人格未能在某些方面得到满足，因此本体就会分化出一个人格来面对不满或者解决问题。而治疗者就是要逐渐将这个不满挖掘出来，回归到问题的根本，以此来转移后继人格与主体人格的对立立场，并通过诱发本体的不满，使其宣泄出来，让他自己承担起对原本无法解释的事情的责任。人们不应以消灭后继人格来“挽救”本体，而应该设法让他们融合起来，成为一个整体。